BIBLIOTHÈQUE

de

Mme Sarah Bernhardt

Première partie

Commissaires-priseurs :

| Me F. LAIR DUBREUIL | Me ANDRÉ BENOIST |
| à Paris, 6, rue Favart | à Paris, 17, rue Grange-Batelière |

Assistés de

| M. HENRI LECLERC | M. L. GIRAUD-BADIN |
| Expert | Libraire de la Bibliothèque Nationale |

219, rue Saint-Honoré, 219

1923

LIVRES ANCIENS

ET

MODERNES

LA VENTE AURA LIEU

Du Lundi 25 au Mercredi 27 Juin 1923

A 2 heures précises

HOTEL DES COMMISSAIRES-PRISEURS, 9, RUE DROUOT

Salle N° 7

Par le ministère de

Me F. LAIR DUBREUIL, Commissaire-priseur à Paris, 6, rue Favart	Me ANDRÉ BENOIST Commissaire-priseur à Paris, 17, rue Grange-Batelière

Assistés de

M. HENRI LECLERC Expert	M. L. GIRAUD-BADIN Libraire de la Bibliothèque Nationale

219, rue Saint-Honoré, 219

VOIR L'ORDRE DES VACATIONS A LA FIN DU CATALOGUE

CONDITIONS DE LA VENTE

La vente se fait au comptant.

Les adjudicataires paieront 12,50 pour 100 en sus des enchères pour les livres modernes non soumis à la taxe de luxe et 17,50 pour 100 pour ceux soumis à cette taxe et pour les livres anciens.

Les livres vendus devront être collationnés dans les vingt-quatre heures de l'adjudication. Passé ce délai, ils ne seront repris pour aucune cause.

MM. Leclerc et Giraud-Badin se réservent la faculté, dans l'intérêt de la vente, de réunir ou de diviser les numéros du catalogue. Ils rempliront les commissions qu'on voudra bien leur confier.

BIBLIOTHÈQUE
DE MME SARAH BERNHARDT

PREMIÈRE PARTIE

LIVRES ANCIENS. — THÉATRE
PIÈCES DU RÉPERTOIRE
DE
Mme SARAH BERNHARDT
AUTEURS CONTEMPORAINS EN ÉDITIONS ORIGINALES
LIVRES MODERNES ILLUSTRÉS

PARIS
LIBRAIRIE HENRI LECLERC
L. GIRAUD-BADIN
Libraire de la Bibliothèque Nationale
Successeur
219, RUE SAINT-HONORÉ, 219

1923

LIVRES ANCIENS
DANS TOUS LES GENRES

1. **ALMANACH** dédié aux Dames pour l'An 1810. *Paris, Le Fuel,* 1810, in-24, cartonn. mar. rouge à longs grains, dent., tr. dor., étui de papier maroquiné rouge, orné de dent. (*Cartonn. anc.*).

> Vignette sur le titre et 6 jolies figures gravées par *Bovinet* d'après *Le Roy*; à la fin, feuilles de *Souvenir* ornées de vignettes (initiales entrelacées dessinées sur les premières feuilles).

2. **BIBLE** (La Sainte), contenant l'ancien et le nouveau Testament, traduite en françois sur la Vulgate, avec de courtes notes pour l'intelligence de la lettre, par Monsieur Le Maistre de Saci. *Brusselles, Frick,* 1704, in-fol., veau granit, dos orné (*Rel. anc.*).

> Initiales de Mme Sarah Bernhardt ajoutées à l'angle du premier plat de la reliure.

3. **BIBLIOTHEQUE DES ROMANS GRECS**, traduits en vers français. *A Paris, de l'Imprimerie de Guillaume,* 1797, 12 vol. in-12, veau fauve, dent., dos ornés de dent. à la grecque et de petites vignettes dor., dent. int., tr. dor. (*Bozérian*).

> Les Affections d'amour de Parthenius, jointes les Narrations d'amour de Plutarche, nouvellement mises en français par Jean Fournier. — Les Amours de Leucippe et Clitophon, traduites du grec d'Achille Tatius. 2 vol. — Amours de Theagènes et Chariclée. 2 vol. — Longus. Les Amours pastorales de Daphnis et Chloé, traduites par J. Amyot. — Les Amours d'Abrocorne et d'Anthia, traduites de Xénophon. — Les Amours de Chereas et Callirrhoë. 2 vol. — Les Amours d'Ismène et d'Ismenias. - Les

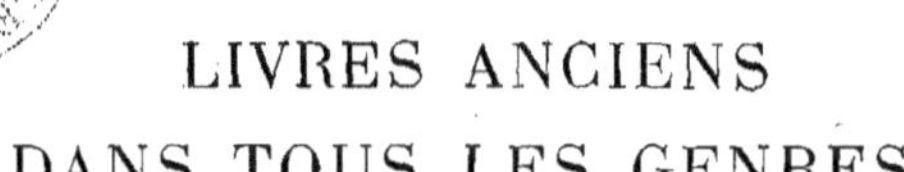

Amours de Rhodante et Dosiclès. — L'Histoire véritable et Lucius ou l'Asne, traduites du grec de Lucien (par Belin de Ballu).

Exemplaire imprimé sur **papier fin**, dans une jolie reliure signée de Bozérian ; cette reliure, parfaitement homogène, présente pourtant à l'œil une différence, les ouvrages en deux volumes portant un petit écusson de tomaison.

4. [BIÈVRE (Mis de)]. Lettre écrite à Madame la Comtesse Tation, par le sieur de Bois-Flotté, étudiant en droit-fil. Ouvrage traduit de l'anglois. Quatrième édition augmentée de plusieurs notes d'infamie. *Amsterdam, aux dépens de la Compagnie de Perdreaux,* 1770, in-8, fig., dos et coins mar. rouge, dos orné et chiffre, têt. dor., ébarbé (*Bruyère*).

Quatrième édition, la première connue de cet ouvrage qui est une suite ininterrompue de calembours, fort à la mode à cette époque.

5. **CÉRÉMONIES ET COUTUMES RELIGIEUSES** de tous les peuples du monde, représentées par des figures dessinées de la main de Bernard Picard, avec une explication historique et quelques dissertations curieuses. *Amsterdam, chez J.-F. Bernard,* 1733-1743, 8 vol. — Superstitions anciennes et modernes et préjugés vulgaires qui ont induit les peuples à des usages contraires à la religion. *Ibid., id.,* 1733-1736, 2 vol. Ens. 10 vol. in-fol., mar. rouge, fil., dos ornés, dent. int., tr. dor. (*Rel. anc.*).

Nombreuses et belles figures de *Bernard Picart*.

Exemplaire imprimé sur **grand papier**, relié aux armes du chancelier Daguesseau ; les deux derniers volumes des *Superstitions* n'ont pas les armes, mais portent au dos les masses et les coquilles qui décorent également tous les autres volumes.

Voici l'inscription manuscrite qu'on lit sur la feuille de garde du tome premier :

> *Offert à Madame Sarah*
> *Bernhardt le 1er janvier 1903*
> *par l'administration, les artistes et*
> *le personnel de son Théâtre.*

Cette inscription est placée dans le haut ; le reste de la feuille est couvert par quatre-vingt-dix signatures.

Quelques réparations aux dos des reliures.

6. **CERVANTES.** Les Principales Avantures de l'admirable Don Quichotte, représentées en figures par Coypel, Picart Le Romain et autres habiles maîtres : avec les explications des XXXI planches de cette magnifique collection. *A La Haye, chez Pierre De Hondt,* 1746,

gr. in-4, mar. vert., fil., dos orné, doublé et gardes de moire rouge, 5 fil. int., tr. dor. (*Hardy-Mennil*).

> 31 figures par *Boucher, Cochin, Coypel, Lebas, Picart* et *Tremolières*, gravées par *Fokke, Picart, V. Schley* et *Tanjé*.
> Premier tirage renfermant les figures en belles épreuves avant les numéros.
> Exemplaire aux armes et au chiffre du Prince d'Essling, provenant des bibliothèques de F. Garde, H. Grésy et Victorien Sardou. Il est accompagné d'*une belle lettre autographe* d'Edmond Rostand offrant ce volume à Mme Sarah Bernhardt en lui avouant « que le bibliophile d'Arnaga soupire en s'en séparant..... et il doit être cher à Sarah Bernhardt puisqu'ayant appartenu à Victorien Sardou, il porte l'ex-libris de Marly. »

7. CIAMPINI (Joan.). Vetera monimenta, in quibus praecipuè musiva opera sacrarum profanarumque, aedium structura, ac nonnulli antiqui ritus, dissertationibus, iconibusque illustrantur. *Romae*, 1690-1699, 2 tomes en 1 vol. in-fol., demi-vélin, plats de papier (*Rel. anc.*).

> Frontispice gravé par *Gio. Batta* d'après *Van Westerhout* répété à chaque volume et très nombreuses planches gravées hors texte.
> Exemplaire non rogné.

8. DORAT. Fables nouvelles. *A La Haye, et se trouve à Paris, chez Delalain*, 1773, 2 vol. pet. in-8, veau écaille, fil., le premier plat de chaque vol. portant en lettres dor. les mots : *Chambre de lecture*, dos ornés, tr. dor. (*Rel. anc.*).

> 2 frontispices, 1 figure (non répétée), 99 vignettes et 99 culs-de-lampe par *Marillier*.
> Premier tirage.
> On a ajouté au tome I la copie d'une poésie de Dorat à Marillier et un portrait de Dorat, remonté.
> Ex-libris de Mme Sarah Bernhardt à l'intérieur de chaque volume.

9. DU FOUILLOUX (Jacques). La Vénerie, de nouveau reveuë & augmentée d'un Miroir de Fauconnerie. *Paris, Pierre David*, 1640, 2 parties en 1 vol. in-4, veau brun, chiffre S. B. à l'angle du premier plat, dos orné, tr. marb. (*Rel. anc.*).

> Nombreuses figures sur bois et musique de fanfares notée.
> Le *Miroir de Fauconnerie* de Pierre Harmont s'arrête à la page 36.
> Reliure très fatiguée.

10. GOETHE. Les Souffrances du jeune Werther; traduction nouvelle ornée de trois gravures en taille-douce. *Paris, Imprimerie de P. Didot*

l'aîné, 1809, in-8, mar. rouge à longs grains, entredeux de dent..
dos orné, grecque à l'int., tr. dor., étui (*Chambolle-Duru*).

> Première édition de la traduction du Comte H. de La Bédoyère.
> Exemplaire imprimé sur papier vélin renfermant les figures en épreuves
> AVANT la lettre.
> On y a ajouté les 4 vignettes de *Berthon* gravées par *Duplessi-Bertaux*
> pour l'édition de 1797, en épreuves AVANT la lettre sur grand papier vélin
> au format du livre.

11. **LA FONTAINE.** Poëme du Quinquina et autres ouvrages en vers.
A Paris, chez Denis Thierry et Claude Barbin, 1682, in-12, veau
brun jasp., dos orné, tr. jasp. (*Rel. anc.*).

> ÉDITION ORIGINALE, contenant les deux contes de la *Matrone d'Ephèse* et de
> *Belphégor*; l'exemplaire est de PREMIER TIRAGE, avec le feuillet 163-164 non
> cartonné; le mot *chœur* y est écrit *cœur*.

12. **LEMAU DE LA JAISSE.** Carte générale de la Monarchie françoise,
contenant l'histoire militaire depuis Clovis, premier Roy chrétien,
jusqu'à la quinzième année accomplie du règne de Louis XV. *Paris,
Giffart*, 1733, gr. in-fol., veau marb., fil., dos fleurdelisé, tr. rouges
(*Rel. anc.*).

> Vingt feuilles de texte gravé et imprimé, accompagné de portraits, vues
> de Paris et de Versailles, costumes militaires, blasons, plans de villes, etc.
> Exemplaire aux armes de Louis XV.
> Reliure très fatiguée; taches et petits raccommodages.

13. **LONGUS.** Les Amours pastorales de Daphnis et de Chloé, traduites
du grec de Longus par Amyot. *Paris, Imprimé par P. Didot l'aîné
l'an VIII* (1800), in-18, dos et coins veau rouge, fil., dos orné et
chiffre, non rogné.

> Exemplaire imprimé sur papier vélin orné des reproductions photogra-
> phiques du frontispice, des 4 figures de Monsiau de l'édition Maradan
> (1778) et de la figure dite des *Petits Pieds*.

14. **MALFILÂTRE.** Narcisse dans l'île de Vénus, poème en quatre
chants. *Paris, Lejay* (1769), in-8, mar. rouge à longs grains, compart. de fil., dos orné, dent. int., tr. dor. (*Rel. du début du XIX⁰
siècle*).

> Titre par *Eisen* gravé par *De Ghendt*, et 4 figures de *Saint-Aubin* gravées
> par *Massard*.
> Initiales S. B. ajoutées au dos de la reliure

15. **MAROLLES** (Michel de). Tableaux du Temple des Muses; tirez du cabinet de feu M^r. Favereau..., avec les descriptions, remarques et annotations. *Amsterdam, Wolfgank*, 1676, pet. in-4, bas. marb., initiales S. B. frappées dans un angle, dos orné, tr. rouges (*Rel. mod.*).

> Frontispice et nombreuses planches; portrait de Michel de Marolles ajouté.

16. **MONTESQUIEU**. Le Temple de Gnide. Nouvelle édition avec figures gravées par N. Le Mire d'après les dessins de Ch. Eisen. Le texte gravé par Drouët. *Paris, Le Mire*, 1772, gr. in-8, mar. rouge, fil., dos orné, dent. int., tr. dor. (*Chambolle-Duru*).

> Ex-libris de Mme Sarah Bernhardt à l'intérieur du volume.
> Exemplaire grand de marges, mais avec rousseurs.

17. **MONTFAUCON** (D. Bernard de). Les Monumens de la Monarchie françoise, qui comprennent l'histoire de France, avec les figures de chaque règne que l'injure des tems a épargnées. *Paris, Gandouin*, 1729-1733, 5 vol. in-fol., fig., veau fauve, fil., dos ornés, titres et tomaisons sur mar. rouge, tr. rouges (*Rel. anc.*).

> Cet ouvrage, des plus importants pour l'histoire de France par les monuments de la sculpture, est orné de plus de 300 planches gravées en taille-douce.
> BEL EXEMPLAIRE.

18. **OVIDE**. Les Métamorphoses d'Ovide, en latin et en françois, de la traduction de M. l'abbé Banier. Avec des explications historiques. *Paris, Delormel*, 1767-1770, 4 vol. in-4, mar. vert, dent., dos ornés, dent. int., tr. dor. (*Rel. anc.*).

> Frontispice, 3 pages gravées de dédicace, 139 figures par *Boucher, Eisen, Gravelot, Monnet, Moreau*, vignettes et culs-de-lampe.
> Bonne reliure de la fin du xviiie siècle.

19. **PETRONI** (Stefano Egidio). La Napoleonide, dedicata a Sua e Maestà l'Imperatrice regina e reggente. *Parigi, P. Didot*, 1813, in-8, mar. rouge à longs grains, encadr. de fil. et d'une guirlande de roses, dos orné, dent. int., doublé et gardes de tabis bleu, tr. dor. (*Rel. anc.*).

> Ouvrage orné des reproductions de 100 médailles historiques et emblématiques frappées en l'honneur de Napoléon.
> Exemplaire imprimé sur **papier vélin**, relié aux armes de NAPOLÉON Ier
> Reliure fatiguée.

20. **SAINT-NON** (L'Abbé Richard de). Voyage pittoresque, ou Description du royaume de Naples et de Sicile. *Paris*, 1781-1786, 4 tomes en 5 vol. in-fol., mar. rouge, fil., dos ornés, dent. int., tr. dor. (*Rel. anc.*).

Bel ouvrage orné de plus de 300 planches, d'en-têtes et culs-de-lampe, gravés par les plus grands artistes de l'époque.

Bel exemplaire, à très grandes marges, possédant la planche des *phallus* et les 14 planches des médailles des villes de Sicile. Il a été offert à Mme Sarah Bernhardt, le 1er janvier 1904, par les artistes, le personnel et l'administration de son Théâtre, dont les signatures, au nombre de 85, figurent sur un feuillet de garde du premier volume.

21. **SCIENCE CURIEUSE** (La), ou Traité de la Chyromance, recueilly des plus graves autheurs qui ont traité de cette matière... Seconde édition. *Paris, Clousier*, 1667, in-4, veau marb., dos orné, chiffre S. B. à l'angle du premier plat (*Rel. anc.*).

90 planches gravées sur cuivre.
Le titre est réimprimé. — Mouillure.

22. **[SERGENT]**. Portraits des grands hommes, femmes illustres, et sujets mémorables de France, gravés et imprimés en couleurs, dédiés au Roi. *A Paris, chez Blin, s. d.* (*vers* 1786), 2 vol. gr. in-4, basane écaille, fil., dos ornés, dent. int., tr. dor. (*Rel. anc.*).

Titre gravé tiré en bistre, 1 page de dédicace gravée, 96 beaux portraits et 96 planches par *Sergent*, gravés en couleurs par *Mme de Cernel, Le Cœur, Morret, Ridé et Roger*.

Bel exemplaire renfermant la planche de l'Indépendance de l'Amérique qui manque souvent. Il a été offert à Mme Sarah Bernhardt, le 1er janvier 1907, par l'administration, les artistes et le personnel de son Théâtre, dont les signatures figurent sur un feuillet de vélin, orné d'un encadrement dessiné à l'aquarelle, ajouté au premier volume.

Cassures à la marque du cuivre de quelques planches.

23. **TEMPLE DES MUSES** (Le), orné de LX tableaux où sont représentés les évènemens les plus remarquables de l'antiquité fabuleuse ; dessinés et gravés par B. Picart le Romain et autres habiles maîtres ; et accompagnés d'explications et de remarques (par Ant. de La Barre de Beaumarchais). *Amsterdam, Chatelain*, 1733, in-fol., pl., mar. citron, fil., dos orné, tr. dor. (*Rel. anc.*).

Frontispice et 60 planches dessinés et gravés par *Bernard Picart*.
Bel exemplaire de premier tirage, provenant du cabinet de E. Quentin-Bauchart.

THÉATRE

24. LECONTE DE LISLE. Eschyle, traduction nouvelle. *Paris, Lemerre, s. d.* — Euripide, traduction nouvelle. *Ibid., id.,* 1884. 2 vol. Ens. 8 vol. in-8, mar. blanc, compart. de fil., fleurons aux angles, dos ornés et chiffres, dent. int., têt. dor., non rognés, réunis dans un étui.

> EDITION ORIGINALE de la traduction d'Euripide; réimpression immédiate de la traduction d'Eschyle.
> Cet envoi autographe sur le faux titre de ce dernier volume :
>
> *A Madame Sarah Bernhardt*
> *Hommage de son admirateur*
> LECONTE DE LISLÉ.

I. — THÉATRE FRANÇAIS.

a. — **Théâtre ancien.**

25. CORNEILLE (Pierre). Œuvres. Nouvelle édition revue sur les plus anciennes impressions et les autographes et augmentée de morceaux inédits, de variantes, de notices, d'un lexique... par M. Ch. Marty-Laveaux. *Paris, L. Hachette et Cie,* 1862, 12 vol. in-8 et un album gr. in-8, veau fauve, fil., dos ornés, dent. int., tr. dor. (*Petit, succ^r de Simier*).

> Un des 150 exemplaires imprimés sur grand papier vélin. Les planches de l'*Album* sont montées sur onglets; le portrait s'y trouve en épreuve tirée sur Chine appliqué.
> Exemplaire bien relié, dont chaque volume porte au dos les initiales de Mme Sarah Bernhardt.

26. **DELAVIGNE** (Casimir). OEuvres complètes. Nouvelle édition. *Paris, Didier,* 1854, 6 vol. in-8, dos et coins mar. vert, fil., dos ornés, tr. marb. (*Rel. de l'époque*).

> Exemplaire auquel on a ajouté un portrait et 12 vignettes gravées par *Nyon, Koning* et *Frilley,* d'après *A. Johannot* et *Regnier,* publiés par Furne. Chiffre S. B. frappé au dos de chaque volume.

27. **MOLIÈRE.** OEuvres complètes. Nouvelle édition collationnée sur les textes originaux avec leurs variantes. Précédée de l'histoire de sa vie et de ses ouvrages par M. J. Taschereau. *Paris, Furne et C*^{ie}, 1863, 6 vol. grand in-8, dos et coins mar. citron, fil., dos ornés et mosaïqués, têt. dor., non rognés (*Rel. de l'époque*).

> Un des **100** exemplaires imprimés sur **grand papier vergé** auquel on a ajouté la suite complète d'un portrait et des 30 figures de *Moreau* pour l'édition Renouard.
> Exemplaire au chiffre de Mme Sarah Bernhardt.

28. **MOLIÈRE.** OEuvres complètes, édition variorum précédée d'un Précis de l'histoire du Théâtre en France, de notices historiques et littéraires sur chaque comédie et de nouvelles notes par Charles Louandre. *Paris, Charpentier,* 1869, 3 vol, in-12, dos et coins chag. brun, dos ornés, têt. dor., non rognés.

> Édition ornée du portrait de Molière et de la reproduction des 32 dessins de *Moreau le jeune.*
> Les reliures portent au dos les initiales S. B.

29. **RACINE** (Jean). OEuvres complètes avec les notes de tous les commentateurs. Édition publiée par L. Aimé-Martin, *Paris, Lefèvre,* 1820, 6 vol. gr. in-8, chag. noir, encadr. de filets à froid, dos ornés, fil. à l'int., non rognés (*Ginart*).

> Excellente édition : la correspondance de Racine avec Boileau y est augmentée de trois lettres inédites et donnée pour la première fois sans lacunes.
> Exemplaire imprimé sur **grand papier vélin** et dans lequel on a inséré les illustrations suivantes :
> 1° — Portrait par *Santerre* gravé par *Gaucher* et 12 figures par *Le Barbier* (1796) sur papier vélin, AVANT la lettre.
> 2° — Portrait et 12 fig. par *Garnier,* grav. par *Choffard, Halbou* et *Masquelier,* sur papier vélin, AVANT la lettre.
> 3° — Portrait et 12 fig. de *Moreau* pour l'édit. Ménard, 1811, épreuves AVANT la lettre (une fig. est remontée).
> 4° — Portrait et 12 fig. de *Moreau* pour l'édit. Renouard, AVANT la lettre.

5° — Portrait et 12 vignettes par *Desenne* gravées par *Girardet*, épreuves signées à la pointe, remontées au format de l'exemplaire.

6° — 15 figures de *Desenne, Prudhon, Gérard, Girodet, Taunay*, sur blanc AVANT la lettre.

7° — Un portrait gravé par *Savart* d'après *Santerre*, 1772 (remonté).

PRÉCIEUX EXEMPLAIRE auquel est lié le souvenir de trois grandes gloires de notre théâtre : celui de *Samson*, le premier possesseur (chaque volume est frappé de son chiffre J. S. sur les deux plats) ; — celui de *Rachel* dont une longue lettre autographe, conservée dans le tome I, exprime à Samson ses sentiments de « fille dévouée », — on sait que Rachel fut l'élève de Samson et prépara avec lui son admission au Théâtre Français, — cette lettre lui apporte, dans un style très simple et qui trouve ses mots dans le cœur, toute son affection et ses vœux pour le jour de sa fête. — Enfin, le souvenir de *Sarah*, l'héritière directe du génie de Rachel, l'interprète après elle du rôle de *Phèdre*. Notre grande tragédienne a laissé dans le tome III, dans *Phèdre*, dont les pages témoignent qu'elles ont été bien souvent tournées, un beau sonnet de louange, à elle consacré par Jean Aicard et écrit de la main du poète.

(Les initiales S. B. ont été ajoutées au bas du dos de chaque reliure.)

3o. **RACINE (Jean).** Théâtre. Compositions de Barrias et V. Foulquier. *Tours, Mame et fils*, 1876-1877, 2 vol. gr. in-8, mar. rouge, 3 fil. dor., dos ornés, dent. int., tr. dor.

Portrait et 46 compositions à mi-page gravées à l'eau-forte par *V. Foulquier*.

Un des 275 exemplaires imprimés sur **papier vergé** renfermant le portrait en épreuve AVANT la lettre et les vignettes tirées sur Chine.

Grand chiffre S. B. frappé sur le premier plat de chaque volume,

31. **VOLTAIRE.** Théâtre, Édition stéréotype. *Paris, Pierre Didot l'aîné et Firmin Didot*, an IX (1801), 12 vol. in-12, dos et coins vélin blanc, fil., dos ornés, tr. dor,, non rognés.

Exemplaire imprimé sur **papier vélin.**

Les initiales S. B. sont frappées au dos de chaque volume.

b. — **Théâtre français du XIXᵉ siècle et contemporain.**

32. **ADAM (Paul) et PICARD (André).** Le Cuivre. *Paris, Ollendorff*, 1896, in-12, broché.

EDITION ORIGINALE.

Sur le feuillet de garde, *hommage autographe* à Mᵐᵉ Sarah Bernhardt, signé des auteurs.

33. **AICARD** (Jean). Le Manteau du Roi, pièce en quatre actes en vers. *Paris, Flammarion,* 1907, in-12, broché.

> Edition originale.
> Cet envoi autographe sur le faux titre :
>> *A notre grande*
>> *Sarah Bernhardt*
>> *En toute admiration*
>> *Son ami*
>>> Jean Aicard.

34. **ANNUNZIO** (Gabriel d'). Le Martyre de Saint Sébastien, mystère composé en rythme français et joué à Paris sur la scène du Châtelet le XXII Mai MCMXI, avec la musique de Claude Debussy. *Paris, Calmann-Lévy,* 1911, in-12, mar. blanc, 4 fil. dor., dos orné de compart. de fil. et chiffre, encadr. de dent. à l'int., doublé et gardes de faille moirée grenat, doubles gardes, têt. dor. non rogné, couverture, étui (*Franz*).

> Edition originale.
> Exemplaire sur **papier de Hollande**, imprimé spécialement pour Mme Sarah Bernhardt.
> L'envoi autographe suivant couvre la première page :
>> *A la divine Sarah*
>> *ce poème qui — dans mon*
>> *rêve et dans mon regret —*
>> *fut tout plein de son*
>> *grand souffle et de*
>> *sa grande image.*
>> *Juillet* 1911
>>> Gabriele d'Annunzio.

35. **ARNAUD** (Simone). Mademoiselle du Vigean, comédie en un acte et en vers représentée pour la première fois à Paris, sur la scène du Théâtre-Français le 28 juin 1883. *Paris, Ollendorff,* 1883, in-12, en feuilles sous une enveloppe vélin blanc, doublée de vélin, ornée sous toutes les faces d'encadr. de fil. et fers dorés, le premier plat portant à l'extérieur le titre de la pièce, et sur la doublure le nom de Sarah Bernhardt, attaches en ruban.

> Edition originale.
> Un des **10** exemplaires imprimés sur **papier Whatman** portant sur le faux titre cet envoi autographe de l'auteur :
>> *à Madame Sarah Bernhardt*
>> *la première amie de*
>>> Simone Arnaud
>> *Souvenir bien affectueusement reconnaissant.*

36. BARBIER (P.-J.). Jeanne Darc, drame en cinq actes, en vers. *Paris, Michel Lévy frères*, 1869, in-12, dos et coins mar. La Vall., initiales S. B. frappées au dos, têt. dor., non rogné (*Gruel*).

> Edition originale.
> *Hommage autographe* de l'auteur à Mlle Sarah Bernhardt sur le faux titre de l'exemplaire.

37. BATAILLE (Henry). Ton Sang, précédé de La Lépreuse. *Paris, Mercure de France*, 1898, in-12, cartonn. demi-vélin blanc, dos orné et chiffre, têt. rouge, non rogné (*Franz*).

> Edition originale, précédée d'une importante préface de l'auteur.
> Sur le feuillet de garde, envoi autographe :
>
> > *A la grande, unique,*
> > *et chère artiste, — au généreux*
> > *génie, — âme du soir de Paris.*
> > *Son futur auteur*
> > *peut-être et son ami*
> > Henry Bataille.

38. BATAILLE (Henry). Résurrection, épisode dramatique en cinq actes et un prologue, tiré du roman de L. Tolstoï. *Paris, Fasquelle,* 1905, in-12, broché.

> Edition originale ; la couverture est ornée du portrait de Berthe Bady dans le rôle de *La Maslowa*.

39. BATAILLE (Henry). Le Masque. La Marche nuptiale. Préface de l'auteur. *Paris, Charpentier et Fasquelle*, 1908, in-12, broché.

> Edition originale ; longue préface de l'auteur. (A propos d'art dramatique.)
> Ces lignes autographes sur le faux titre :
>
> > *A Méphistophelès*
> > *dont j'entends, au loin, se*
> > *oréparer le vol terrible et*
> > *·le cliquetis*
> > > *Son Faust de* Chambre
> > > blanche
> > > *25 janvier 1908*
> > > *Minuit*
> > > Henry Bataille.

40. BATAILLE (Henry). La Tendresse. L'Homme à la Rose. *Paris, Flammarion*, 1922, in-12 broché.

> Edition originale de ces deux pièces ; chacune est précédée d'une importante préface de l'auteur.

Le faux titre porte cet envoi autographe :
   A Sarah

> *dévotieusement, respectueusement,*
> *Souvenir de jadis et de*
> *naguère*

HENRY BATAILLE

41. BECQUE (Henry). La Parisienne, comédie en trois actes. *Paris, Calmann Lévy,* 1885, in-12, dos et coins chag. rouge, initiales S. B. au dos, têt. dor., non rogné.

ÉDITION ORIGINALE.

Sur le feuillet de garde, cet envoi autographe :

> *à l'Impératrice Sarah*
> *affectueuse admiration*

HENRY BECQUE.

42. BERGERAT (Émile). Théâtre. Avec une préface de l'auteur. *Paris, Ollendorff,* 1899, 2 vol. in-12, demi-mar. rouge, dos ornés du chiffre S. B., têt. dor., non rognés, couvertures (*Franz*).

Tomes I et II de la première édition collective.

Le portrait d'Émile Bergerat placé en tête du tome I porte dans le haut de la main de l'auteur : *A Sarah Bernhardt*, et au bas, sa signature.

On y a joint les tomes 3, 5 et 6 brochés, le dernier portant cet envoi sur la couverture : *A Sarah Bernhardt, quand même !*

Mme Sarah Bernhardt a placé dans ce volume une jolie lettre qui lui fut adressée par Emile Bergerat, relative à sa pièce, *La Pompadour*, et qui se termine ainsi : « J'ai vu qu'on ne répétait plus *Joséphine*, voilà pourquoi je ne suis point allé vous importuner de mon nez pointu. »

43. BERGERAT (Émile). La Pompadour, comédie dramatique en sept tableaux. *Paris, Ollendorff,* 1901, in-12, broché.

ÉDITION ORIGINALE.

Le faux titre porte ces lignes autographes :

> *A Madame*
> *Sarah Bernhardt*
> *que je ne reverrai*
> *plus en ce monde, ni*
> *dans l'autre peut-être !*
> *douloureusement !*

ÉMILE BERGERAT.

44. BLÉMONT (Émile). Théâtre légendaire. *Paris, Lemerre,* 1908, in-12, broché.

Édition collective, en PARTIE ORIGINALE.

Hommage autographe de l'auteur à Mme Sarah Bernhardt.

45. BORNIER (Henri de). Le Fils de l'Arétin, drame en quatre actes en vers dont un prologue, *Paris, Dentu,* 1895, in-8, broché.

> Exemplaire d'un tirage *pré-original* portant sur la feuille de garde cet envoi et cette remarque autographes :
>
> *A Mme Sarah Bernhardt*
> *reconnaissant souvenir de*
> *La Fille de Roland*
>
> HENRI DE BORNIER.
>
> *Exemplaire d'un tirage curieux pour les bibliophiles, plein de fautes dont quelques-unes sont corrigées à la main.*
>
> Très intéressante lettre de Henri de Bornier à Mme Sarah Bernhardt, en partie relative au *Fils de l'Arétin,* jointe à l'exemplaire.

46. BOUCHOR (Maurice). Dieu le veut, drame en vers en cinq actes et six tableaux. *Paris, Fischbacher,* 1888, in-8, mar. bleu clair, 3 fil. dor., initiales S. B. dans un angle, dos orné, dent. int., doubles gardes, têt. dor., non rogné (*Pierson*).

> EDITION ORIGINALE.
> Sur le feuillet de garde, cet envoi autographe :
>
> *A Madame Sarah Bernhardt*
> *l'Irène idéale de ce pauvre drame*
> *très humble hommage de*
>
> MAURICE BOUCHOR.

47. COOLUS (Romain). Le Marquis de Carabas. *Paris, La Revue Blanche,* 1900, in-12, broché.

> EDITION ORIGINALE de ce conte lyrique-bouffe en trois actes (en vers).
> En travers du faux titre, *long et bel hommage autographe* mi-vers, mi-prose, de l'auteur à Mme Sarah Bernhardt.

48. COPPÉE (François). Le Luthier de Crémone, comédie (en un acte, en vers). *Paris, Lemerre,* 1876, in-12, broché.

> EDITION ORIGINALE.
> Envoi autographe sur le faux titre :
>
> *A Sarah Bernhardt,*
> *Son admirateur et son ami,*
>
> FRANÇOIS COPPÉE.

49. COPPÉE (François). Théâtre. 1873-1878. *Paris, Lemerre,* 1879, pet. in-12, demi vélin blanc, dos orné et chiffré, non rogné (*Franz*).

> Première édition collective, contenant : *Le Rendez-vous, Prologue d'ouverture, Le Luthier de Crémone, La Guerre de Cent ans.*
> Envoi autographe sur le faux titre :
>
> *A Sarah Bernhardt,*
> *Son fidèle admirateur et ami*
>
> FRANÇOIS COPPÉE.

5o. COPPEE (François). Le Trésor, comédie. *Paris, Lemerre,* 1879, in-12, cartonn. demi-vélin blanc, dos orné et chiffre, non rogné.

EDITION ORIGINALE.
Sur le faux titre :

A Sarah Bernhardt
Son admirateur et son ami
FRANÇOIS COPPÉE.

51. COPPÉE (François). Severo Torelli, drame en cinq actes en vers. *Paris, Lemerre,* 1883, in-12, broché.

EDITION ORIGINALE.
Cet envoi autographe sur le faux titre :

A Sarah Bernhardt
Son admirateur fidèle et vieil ami
FRANÇOIS COPPÉE.

52. CROISSET (Francis de). Par Politesse ! comédie en un acte représentée pour la première fois le 7 avril 1899. *Paris, Ollendorff,* 1899, in-12, broché.

EDITION ORIGINALE.
Envoi autographe suivant sur le faux titre :

A Madame Sarah Bernardt
en attendant que de pouvoir
lui offrir mieux
cet humble hommage
d'une fervente admiration
Son respectueux
FRANCIS DE CROISSET.

53. CROISSET (Francis de). Chérubin, comédie en trois actes, en vers. *Paris, Fasquelle,* 1901, in-12, broché.

EDITION ORIGINALE.
Sur le faux titre l'envoi autographe suivant :

A Madame Sarah Bernhardt,
hommage
de ma fervente et respectueuse
admiration
FRANCIS DE CROISSET.

54. DÉA, pièce en un acte et en vers, dédiée à Mademoiselle Sarah Bernard, sociétaire de la Comédie Française, *Paris, Ghio,* 1879, in-12, veau fauve, filet, tr. rouges.

Sur le feuillet de garde, *long envoi autographe* de l'auteur à Mme Sarah Bernhardt, signé des initiales P. S.

55. DÉROULÈDE (Paul). La Moabite, drame. *Paris, Calmann Lévy,* 1882, in-16, cartonn. demi-vélin blanc, dos orné et chiffre, non rogné (*Franz*).

> Cet envoi autographe sur le faux titre :
>
> *à Sarah-Bernhardt*
> *à Phèdre ;*
> *Profonde et enthousiaste*
> *admiration*
>
> P. Déroulède.

56. DONNAY (Maurice). Amants, comédie en cinq actes. Ornementation de Lucien Métivet. *Paris, Ollendorf,* 1897, in-12, mar. crème, fil., dos orné de trophées, dent. int., têt. dor., non rogné, couverture (*Pierson*).

> Edition originale.
> Exemplaire imprimé spécialement sur **papier de Chine**, offert par l'auteur avec un envoi autographe :
>
> *à Madame Sarah Bernhardt.*
> *à la merveilleuse artiste*
> *qui fut hospitalière à*
> *deux amants, merci à Elle*
> *pour eux*
>
> Maurice Donnay.
>
> On sait que cette pièce fut représentée à la Renaissance, théâtre de Mme Sarah Bernhardt.

57. DONNAY (Maurice). La Douloureuse, comédie en quatre actes. *Paris, Ollendorff,* 1897, in-12, mar. blanc, compart. de fil., chiffre S. B. répété à chaque angle, dos orné et chiffre, dent. int., têt. dor., non rogné, couverture, étui (*Franz*).

> Edition originale.
> Sur le faux titre :
>
> *A Madame Sarah Bernhardt*
> *en admiration et en affection*
> Maurice Donnay.

58. DU BOIS (Albert). La Dernière Dulcinée, poème tragique. *Paris, Lemerre,* 1902, in-12, broché.

> Edition originale.
> Sur le feuillet de garde et le faux titre *poésie autographe* de l'auteur adressée à Mme Sarah Bernhardt.

59. DU BOIS (Albert). La Dernière Dulcinée, poème tragique, *Paris,*

Lemerre, 1902. — Rabelais, poème comique en trois actes. *Paris, Charpentier et Fasquelle*, 1905. Ens. 2 vol. in-12, brochés.

ÉDITIONS ORIGINALES.

Chaque volume porte *un envoi autographe* de l'auteur à Mme Sarah Bernhardt.

Le second est imprimé sur **papier de Hollande**.

60. DU BOIS (Albert). L'Aristocrate (Lord Byron), poème dramatique en quatre actes. *Paris, Fasquelle*, 1909, in-12, broché.

ÉDITION ORIGINALE.

Exemplaire imprimé sur **papier de Hollande**, offert à Mme Sarah Bernhardt par *un hommage autographe* « de respertueuse admiration et de profonde reconnaissance » de l'auteur.

61. DU BOIS (Albert). Les Douze génies. Bérénice (Juvénal). *Paris, Sansot et Cie*, 1911, gr. in-8, broché.

ÉDITION ORIGINALE.

Exemplaire imprimé spécialement pour Mme Sarah Bernhardt, portant *un long envoi autographe* de l'auteur.

62. **DUMAS FILS** (Alexandre). Une Visite de noces, comédie en un acte. 1871, gr. in-8, mar. bleu, décor de larges fil. brisés et entrelacés de mar. bleu clair et vert clair, mosaïqués et sertis de fil. dor., dos mosaïqué portant au bas : *Sarah Bernhardt* ; à l'int., encadr. de dent., doublé et garde de soie moirée bleu foncé, têt. dor., non rogné (*Pierson*).

Manuscrit autographe complet, écrit par l'auteur sur papier bleu pervenche, d'une écriture droite extrèmement soignée, avec grandes marges ménagées en tous sens, signé à la fin sous la date de mars 1871.

Le manuscrit est précédé de deux pages, la première portant : *A Mademoiselle Sarah Bernhardt* et la seconde, le charmant envoi en forme de lettre que nous reproduisons ici :

« Voici une copie que j'avais faite pour Desclée et qu'à la mort de celle-ci l'exécuteur testamentaire m'a rendue. Je ne connais pas un artiste qui apprécie et qui admire plus Desclée que vous. Permettez-moi donc d'ajouter ce nouveau legs à tout ce que vous avez déjà recueilli de son héritage.

1er Novembre 1876. A. DUMAS F.

63. DUMAS FILS (Alexandre). La Femme de Claude, pièce avec préface. *Paris, Michel Lévy frères*, 1873, in-8, mar. blanc, violettes mosaïquées éparpillées au bas du premier plat ; à l'int., encadr. de mar. orné d'un vol de libellules dor. et hirondelles d'argent, doublé

et gardes de moire blanc crème, doubles gardes, tr. dor. sur témoins, couverture (*Ch. Meunier*).

> Édition spéciale tirée en tout à 31 exemplaires ; celui-ci est un des 5 exemplaires imprimés sur **papier de Chine**.
> Le faux titre porte un *long envoi autographe* en latin d'Alexandre Dumas fils à Mme Sarah Bernhardt.

64. FAUCHOIS (René). Beethoven, pièce en trois actes, en vers. Ouvertures et musique de scène tirées de l'œuvre de Beethoven. *Paris, Fasquelle,* 1909, pet. in-8, veau rose pâle, les plats et le dos couverts d'un semis de violettes aux corolles mosaïquées et feuilles dor., dent. int., têt. dor., non rogné, couverture (*étui*).

> Edition originale.

65. FILLAY (Hubert). Pantagruel, farce en trois actes en prose. *Tours, La Renaissance artistique tourangelle,* 1908, in-4, broché.

> Edition originale, imprimée sur papier vergé, ornée de vignettes.
> *Lettre autographe* d'envoi et d'hommage de l'auteur à Mme Sarah Bernhardt jointe au volume.

66. FLERS (Robert de) et CAILLAVET (G.-A. de). L'Éventail, pièce en quatre actes. *Paris, Librairie Théâtrale,* 1908, in-12, broché.

> Edition originale.
> *Hommage autographe* des auteurs à Mme Sarah Bernhardt.

67. FRANCE (Anatole). Crainquebille, pièce en trois tableaux. *Paris, Calmann-Lévy, s. d.* (1913), in-12, broché.

> Edition originale.

68. FRONDAIE (Pierre). L'Homme qui assassina, pièce en quatre actes d'après le roman de Claude Farrère. *Paris, Ollendorff,* 1913, in-12, broché.

> Edition originale.
> Un des **10** exemplaires imprimés **sur papier du Japon**, portant au-dessus de la dédicace, l'hommage autographe suivant :
>
> > *A Madame Sarah Bernhardt*
> > *pour qui tous les rôles sont*
> > *écrits, tous. Avec tout le*
> > *respect dévoué de*
> > Pierre Frondaie
> > *Juin* 1913.

69. **FRONDAIE** (Pierre). La Maison cernée, pièce en quatre actes. *Paris, Librairie Théâtrale,* 1922, in-12, broché.

> EDITION ORIGINALE ; la pièce a été représentée pour la première fois en 1919 sur le Théâtre Sarah-Bernhardt.
> Cet hommage autographe sur le faux titre :
>
> *A Madame Sarah Bernhardt*
> *avec la fidèle*
> *dévotion de son*
> *admirateur*
> *respectueux*
> P. FRONDAIE.

70. **GADOBERT** (Benjamin). Théâtre, *Paris, Sevin,* 1891, *Kugelmann,* 1892, 2 tomes en 1 vol. in-12, dos et coins mar. grenat, fil., dos orné, têt. dor., non rogné.

> Edition collective renfermant huit comédies ou drames.
> Sur le feuillet de garde cet envoi autographe :
>
> *A l'Etoile des Etoiles.*
> *Hommage*
> *de l'auteur*
> *à Sarah Bernhardt*
> *25 mai 1894.*

71. **GARDILANNE** (Paule de). Le Dernier rêve du duc d'Enghien, en un acte, en vers. *Dax, Pouyfaucon,* 1903, pet. in-8, les plats encadrés et coupés en diagonale par des filets dor. et rangs de fleurettes rouges mosaïquées sur un fond entièrement couvert de petits zigzags dor., comète, fleurs de lis estompées, dos orné, dent. int., doublé et gardes de soie verte, tr. dor., couverture (*Pouyfaucon, à Dax*).

> EDITION ORIGINALE de cet ouvrage inspiré par *l'Aiglon,* et dédié à Mme Sarah Bernhardt par une longue pièce de vers imprimée en tête du volume.
> Exemplaire tiré sur **papier vélin fort.**

72. **GÉRARD** (Rosemonde) et **ROSTAND** (Maurice). Un Bon petit diable, féerie en trois actes en vers. *Paris, Fasquelle,* 1912, in-12, portrait, broché.

> EDITION ORIGINALE.
> Sur le faux titre, envoi autographe de Mme Edmond Rostand (Rosemonde Gérard) et Maurice Rostand, signé de leur prénom par les auteurs.
>
> *à notre géniale et bien aimée amie*
> Sarah Bernhardt,
> *en attendant l'exemplaire Japon*
> *qui portera son nom glorieux,*
> *et en profonde tendresse*
> *Arnaga 1912.*

73. GUICHES (Gustave). Snob, comédie en quatre actes. *Paris, Ollen-dorff*, 1897, in-12, broché.

> Edition originale ; la pièce a été représentée sur le théâtre de la Renaissance, alors dirigé par Mme Sarah Bernhardt.
> Exemplaire imprimé sur **papier de Hollande**.
> *Hommage autographe* de l'auteur à Mme Sarah Bernhardt.

74. GUINON (Albert). Le Bonheur, comédie en trois actes. *Paris, Librairie Théâtrale, s. d.,* in-12, broché.

> Edition originale.

75. HARAUCOURT (Edmond). Héro et Léandre, poème dramatique en trois actes. *Paris, Charpentier et Fasquelle,* 1893, in-12, veau fauve clair marb., 3 fil. dor., initiales S. B. dans un angle, dos orné, dent. int., tr. dor. sur témoins, couverture (*Vié*).

> Edition originale.
> Un des **10** exemplaires imprimés sur **papier de Hollande**, portant ces lignes autographes :
> (Sur le premier f. de garde)
>
> *A Madame Sarah Bernhardt*
>
> (Sur le feuillet suivant)
>
> > *Notre-Dame des Arts*
> > *Impératrice des Rêves,*
> > *Mère des Illusions*
> > *Rédemptrice des réalités,*
> > *Porte entrouverte sur les horizons du Mystère,*
> > *Epanouissement de nous hors de nous-mêmes*
> > *Entendez cet hymne d'un des prêtres*
> >
> > Edmond Haraucourt.

76. HARAUCOURT (Edmond). Shylock, comédie en trois actes et sept tableaux en vers d'après Shakspeare ; musique de Gabriel Fauré. *Paris, Charpentier et Cie,* 1889, in-12, veau fauve marb., fil., initiales S. B. frappées dans un angle, dos orné, dent. int., tr. dor. (*Vié*).

> Edition originale.
> Exemplaire imprimé sur **papier de Chine** pour l'auteur et par lui offert
>
> *A la très grande, très belle, très bonne amie*
> *Sarah Bernhardt.*
>
> D'après Vicaire, le tirage sur Chine a été de 2 exemplaires.

77. HERVIEU (Paul). Le Dédale, pièce en cinq actes, en prose. *Paris, Lemerre*, 1903, in-12, broché.

> EDITION ORIGINALE.
> *Hommage autographe*, « respecteux et dévoué » de l'auteur à Mme Sarah Bernhardt.
> Exemplaire débroché.

78. HERVIEU (Paul). Le Dédale, pièce en cinq actes, en prose. *Paris, Lemerre*, 1903, in-12, broché.

> EDITION ORIGINALE.

79. HERVIEU (Paul). OEuvres. Peints par eux-mêmes. Diogène le Chien. L'Esquimau, etc., 2 vol. — Théâtre. La Loi de l'homme. Les Tenailles. Les Paroles restent. L'Enigme. Point de lendemain. La Course du Flambeau, 2 vol. *Paris, Lemerre*, 1898-1904. Ens. 4 vol. pet. in-12, brochés.

> Chaque tome porte *l'hommage autographe* de Paul Hervieu à Mme Sarah Bernhardt.

80. HUGO (Victor). Cromwell, drame. *Paris, Ambroise Dupont et Cie*, 1828, in-8, cartonn. demi-mar. brun, non rogné (*Rel. mod.*).

> EDITION ORIGINALE.
> Exemplaire offert par cet envoi de M. Lebon, professeur de français à l'Université de Boston, sur le feuillet de garde :
>
> > *A Sarah Bernhardt*
> > *Souvenir de son séjour*
> > *au milieu de nous à Boston*
> > *le 3 avril 1896, son*
> > *admirateur respectueux.*

81. HUGO (Victor). Torquemada, drame. Deuxième édition. *Paris, Calmann Lévy*, 1882, in-8, cartonn. toile rouge, encadr. et décor de fil., fleurs et feuillages dor. autour d'un médaillon central, dos chiffré aux initiales S. B., tr. dor.

> Le médaillon ménagé au centre du premier plat renferme les initiales S-h. B-t. D-d. (Sarah Bernhardt-Damala).

82. HUGO (Victor). Théâtre en liberté. *Paris, Hetzel et Cie, Quantin*, 1886, in-8, broché.

> EDITION ORIGINALE.

83. HUGO (Victor). OEuvres complètes. Edition « ne varietur ». *Paris,*

Hetzel-Quantin, s. d., 46 vol. in-8, dos et coins mar. brun, fil., dos ornés, chiffre, têt. dor., non rognés.

Poésie. 16 vol. — Philosophie. 2 vol. — Histoire. 3 vol. — Le Rhin. 2 vol. — Drame. 4 vol. (tom. 1 à 4). — Roman. 14 vol. — Actes et paroles. 3 vol. (tom. 1 à 3). — Victor Hugo raconté par un témoin de sa vie (par Mme Victor Hugo), 2 vol.

Exemplaire au chiffre de Mme Sarah Bernhardt. L'angle droit de chaque plat porte les grandes initiales soulignées d'un paraphe ; elles sont répétées en petites capitales au bas des dos.

Le tome 7 des *Poésies* est broché.

84. KISTEMAECKERS (Henry). Marthe, pièce en quatre actes. *Paris, Flammarion, s. d.* — Les Heures suprêmes. *Ibid., id., s. d.* Ens. 2 vol. in-12, brochés.

Editions originales.

Envoi autographe de l'auteur à Mme Sarah Bernhardt sur le faux titre de chaque volume.

85. LAVEDAN (Henri). Servir, pièce en deux actes. — La Chienne du Roi, pièce en un acte. *Paris, Flammarion, s. d.*, fig. — La Belle histoire de Geneviève, ornée de dessins par Angel. *Paris, Société littéraire de France,* 1920. Ens. 2 vol. in-12, brochés.

Edition originale du premier ouvrage.

A chaque volume, *joli envoi autographe* de l'auteur à Mme Sarah Bernhardt.

86. LAVEDAN (Henri) et ZAMACOÏS (Miguel). Les Sacrifices. Les Flandres. — Noël. — Reims, poème dramatique en 3 tableaux. *Paris, Flammarion,* 1918, in-12, broché.

Edition originale.

Le faux titre porte ce double hommage autographe des auteurs :

> *A Madame Sarah Bernhardt*
> *Fidèle souvenir d'amitié, d'admiration*
> *et de reconnaissance*
> Henri Lavedan.

> *A Madame Sarah Bernhardt*
> *à laquelle un poète qui fait un rêve*
> *ne peut pas ne pas penser !*
> *Hommage de reconnaissance affectueuse*
> *et d'admiration de l'auteur de*
> *Bohémos et des Bouffons*
> *Miguel Zamacoïs.*

87. LECOMTE DU NOUŸ (Madame Helène). La Joie d'aimer... par

par l'auteur de « Amitié amoureuse ». *Paris, Calmann-Lévy, s. d.* (1904), in-12, broché.

> Edition originale.
> Cet envoi autographe sur le faux titre :
>> *à Madame Sarah Bernhardt,*
>>> *j'offre ce livre-pièce en*
>>> *hommage de vive*
>>> *admiration*
>>>> H. L. N.

88. MAETERLINCK (Maurice). Alladine et Palomides, Intérieur, et la Mort de Tintagiles : trois petits drames pour marionnettes. *Bruxelles, Edmond Deman,* 1894, in-16, demi-rel. vélin blanc, dos orné et chiffre, non rogné, couverture (*Franz*).

> Edition originale.
> Sur le feuillet de garde :
>> *à Madame Sarah*
>> *Bernhardt*
>> *En signe d'une admi-*
>> *ration très profonde.*
>>> M. Maeterlinck.

89. MAGNE (Jean-Jacques). Lastera ou L'Héritier (suivi de La Poule et le Renard). *S. l. (Dole-du-Jura, Typ. Bernin),* 1898, pet. in-4, broché.

> Ouvrage tiré à 300 exemplaires non mis dans le commerce ; celui-ci est offert à Mme Sarah Bernhardt.

90. MARIX (Eddy). La Tragédie de Tristan et Iseut. *Paris, Cahiers de la Quinzaine,* 1905, tr. gr. in-8, broché.

> Edition originale de cette tragédie en vers, inspirée de la restitution de M. Joseph Bédier et de la très ancienne épopée de maître Gottfried de Strasbourg.
> Ces mots autographes sur le feuillet de garde :
>> *Respectueusement*
>> *à*
>>> *Madame Sarah Bernhardt*
>>>> Eddy Marix.

91. MENDÈS (Catulle). Les Mères ennemies, drame en trois parties. *Paris, Dentu,* 1883, in-8, cartonn. demi-vélin blanc, dos orné et chiffre, tête rouge, non rogné (*Franz*).

> Edition originale ; la pièce est dédiée à Mme Sarah Bernhardt.

Double envoi autographe de l'auteur, dont un sur le feuillet de garde, portant :

A Sarah Bernhardt
Le premier exemplaire.

et l'autre sur une lettre ajoutée :

« Ma très chère et très grande
amie, comme je vous donne peu,
— moi qui vous dois tout !

CATULLE MENDÈS.

92. **MENDÈS (Catulle). Farces.** *Paris, Fasquelle,* 1899, in-12, cartonn. à recouvr., vélin blanc, dos orné et chiffre, tête dor., non rogné, couverture (*Franz*).

> EDITION ORIGINALE.
> Sur la couverture, envoi autographe de l'auteur :
>
> *a Sarah Bernhardt*
> *à la plus grande, à*
> *la plus admirée.*

93. **MENDÈS (Catulle). Scarron,** comédie tragique en cinq actes, en vers. Musique et chansons de M. Reynaldo Hahn. *Paris, Fasquelle,* 1905, in-12, broché.

> EDITION ORIGINALE.
> Exemplaire sur **papier azur** imprimé spécialement pour Mme Sarah Bernhardt, offert avec cet envoi autographe sur le faux titre :
>
> *A Sarah Bernhardt*
> *avec toutes les illusions ressuscitées,*
> *cet exemplaire couleur de ciel de*
> *sainte Thérèse*
> CATULLE MENDÈS.

94. **MERCET (S.). Dorian Gray,** drame en un prologue et cinq actes, tiré du roman Le Portrait de Dorian Gray, d'Oscar Wilde. *Paris, Figuière,* s. d. (1922), pet. in-8, broché.

> EDITION ORIGINALE de ce drame ; couverture illustrée en couleurs par *Kit.*
> Exemplaire offert à Mme Sarah Bernhardt par l'éditeur.

95. **MOREAU (Emile). Le Secret de Saint Louis.** Douze compositions par Adrien Moreau, gravées à l'eau-forte par X. Le Sueur, *Paris, Delagrave,* s. d. (1899), in-4, vélin blanc, dent., angles des plats et dos fleurdelisés, dent. int., tête dor., non rogné, couverture (*Franz*).

> EDITION ORIGINALE.
> *Envoi autographe* de l'auteur à Mme Sarah Bernhardt.

96. MOUNET-SULLY et BARBIER (Pierre). La Vieillesse de Don Juan, pièce en trois actes. *Paris, Fasquelle,* 1906, in-12, broché.

> EDITION ORIGINALE.
> Ces hommages autographes sur le faux titre :

> *A Sarah Bernhardt*
> *en souvenir de son vieux camarade*
> *et ami tendrement affectionné*
>> MOUNET SULLY.
>> *et de son admirateur*
>> *respectueusement dévoué*
>>> PIERRE BARBIER.

97. PELADAN (Joséphin). La Prométhéide, trilogie d'Eschyle en quatre tableaux avec un portrait en taille-douce. *Paris, Chamuel,* 1895, in-8, carré, broché.

> EDITION ORIGINALE, ornée d'un beau portrait du Sar Peladan.
> Le faux titre porte cet envoi autographe de l'auteur :

> *A Sarah Bernhardt*
>> *Voici une œuvre véritable*
>> *qui n'a pas pu obtenir*
>> *rien des hommes.*
>> *Si la triple physionomie*
>> *de Pandore — Io — Athéné*
>> *pouvait vous tenter*
>> *Hommage*
>>> SAR PELADAN.
> (L'exemplaire est incomplet du premier plat de la couverture.)

98. PELADAN (Joséphin). Théâtre de la Rose ✝ Croix. Babylone, tragédie en quatre actes. *Paris, Chamuel,* 1895, in-8, carré, cartonn. demi-vélin blanc, dos orné et chiffre, non rogné, couverture (*Franz*).

> EDITION ORIGINALE.
> Sur le feuillet de garde, envoi autographe de l'auteur :

> *A Sarah Bernhardt*
>> *avec mon applaudissement*
>> *pour* Phèdre
>> *en attendant qu'il soit*
>> *opportun de lui présenter*
>> Sémiramis.
>>> SAR PELADAN.

99. PELADAN (Joséphin). Sémiramis, cinquième tragédie du Théâtre

de la Rose † Croix. (A la fin :) *Beauvais, Imprimerie Professionnelle, s. d. (1904)*, in-8, broché.

VÉRITABLE ÉDITION ORIGINALE, ainsi annoncée par l'auteur : « Sémiramis », cinquième tragédie du Théâtre de la Rose † Croix a été écrite pour Mme Sarah Bernhardt par le Sar Péladan et imprimée à quelques exemplaires seulement, tous signés.

Exemplaire imprimé sur **papier du Japon** blanc ; la couverture, où se lit le seul titre « Sémiramis », porte l'envoi autographe suivant :

> † *Sarah Bernhardt*
> SAR PÉLADAN.
>
> *Puisse Celle qui a inspiré*
> *cette tragédie s'y reconnaître*
> *et sentir la beauté qu'elle*
> *en tirerait, inneffable (sic)*
> *et Racinienne !*

L'auteur a désigné à l'attention de Mme Sarah Bernhardt, par de grands traits à l'encre bleue, les plus importants passages du rôle de Sémiramis.

100. **PORCHÉ (François)**. La Jeune fille aux joues roses, comédie en trois actes, et neuf tableaux, en vers et en prose. *Paris, Émile-Paul,* 1919, in-8, broché.

ÉDITION ORIGINALE ; la pièce a été représentée pour la première fois au Théâtre Sarah-Bernhardt le 12 mars 1919.

Exemplaire sur **papier du Japon**, spécialement imprimé pour l'auteur, et par lui offert avec cet envoi autographe :

> *A Madame Sarah*
> *Bernhardt*
> *qui m'a fait l'insigne*
> *honneur d'aimer cette*
> *œuvre et de la défendre —*
> *hommage de vive reconnaissance,*
> *d'admiration profonde*
> *et d'absolu dévouement*
> FRANÇOIS PORCHÉ.

101. **PORTO-RICHE (Georges de)**. Amoureuse, comédie en trois actes. *Paris, Ollendorff,* 1894, in-12, broché.

ÉDITION ORIGINALE.
Hommage autographe de l'auteur à Mme Sarah Bernhardt.

102. **RENARD (Jules)**. Le Plaisir de rompre, comédie en un acte. *Paris, Ollendorff,* 1898, in-12, broché.

ÉDITION ORIGINALE.

Le faux titre porte l'envoi autographe suivant :
> *à notre vraie gloire*
> *Madame Sarah Bernhardt*
> *bien timidement, ce minuscule témoignage*
> *de ma grande admiration*
>
> JULES RENARD.

103. **RENARD** (Jules). Le Plaisir de rompre, comédie en un acte. *Paris, Ollendorff*, 1898, in-12, broché.

> EDITION ORIGINALE.

104. **RICHEPIN** (Jean). La Martyre, drame en cinq actes en vers. *Paris, Fasquelle,* 1898, gr. in-8, broché.

> EDITION ORIGINALE.
> Exemplaire imprimé sur **papier du Japon** au nom de Mme Sarah Bernhardt.

105. **RIVOIRE** (André). Le Sourire du Faune, pièce en un acte en vers, réprésentée à la Comédie-Française le 5 février 1919. *Paris, Lemerre,* 1919, in-12, broché.

> EDITION ORIGINALE.
> Sur le faux titre, cet envoi autographe :
> > *A Madame Sarah Bernhardt*
> > *avec mes hommages d'admiration*
> > *et les regrets du poète que ses*
> > *vers ne se soient jamais*
> > *« accomplis « dans sa voix.*
> >
> > ANDRÉ RIVOIRE.

106. **ROGNIAT** (Marcel). Théâtre fantaisiste. *Paris, Figuière et Cie,* 1912, pet. in-8, broché.

> EDITION ORIGINALE.
> *Hommage autographe* de « profonde admiration » de l'auteur à Mme Sarah Bernhardt.

107. **ROLLAND** (Amédée). Nos Ancêtres, tragédie nationale en partie inédite, avec chœurs et danses. Onze compositions et allégories de Aug.-Fr. Gorguet gravées par A. Charpentié. *Paris, Imp. de D. Jouaust,* 1889, gr. in-8, demi-mar. blanc, fil., dos orné et chiffre, têt. dor., non rogné (*Franz*).

> Tirage à 500 exemplaires numérotés non mis dans le commerce ; les compositions de *Gorguet* sont gravées sur bois.
> Cette tragédie en vers a été représentée, avec la musique de Benjamin Godrad, sur la scène de l'Opéra en 1889, pour les fêtes du centenaire de la Révolution française.
> Exemplaire au nom de Mme Sarah Bernhardt.

108. **ROSTAND** (Edmond). Chantecler, pièce en quatre actes, en vers. *Paris, Fasquelle,* 1910, in-8, mar. blanc, grand coq mosaïqué dans ses teintes naturelles au centre du premier plat, large fleur de coquelicot double épanouie dans les angles, feuilles et tiges formant encadr.; sur le second plat, dans un médaillon central Chantecler lançant son appel au soleil levant, rouges fleurs sur les bords ; à l'int., cadre de mar. orné de 5 fil. dor., doublé et gardes d'une riche étoffe de satin blanc semée de grands épis tissés en fils d'or, doubles gardes, têt. dor., non rogné, étui feutré (*Franz*).

EDITION ORIGINALE.
Exemplaire sur **papier impérial du Japon**, imprimé spécialement pour Mme Sarah Bernhardt

> *et déposé à ses pieds avec l'hommage*
> *de ma dévotion fidèle*
> *de mon admiration passionnée*
> *de ma reconnaissance*
> *et de mon amitié*
> EDMOND ROSTAND.

(Ces cinq lignes autographes de Rostand, écrites avec grand soin, sont disposées, comme on les reproduit ici, sous la mention matricule de l'exemplaire.)
De plus, le faux titre porte au dessous de la frise en couleurs (exécutée comme on sait d'après le dessin de Rostand) ce distique autographe :

> *...Et si de tous les chants mon chant est le plus fier*
> *C'est que je chante clair afin qu'il fasse clair*
> E. R.

(Ces vers terminent dans l'acte II la grande invocation de Chantecler au soleil levant.)

109. ROSTAND (Edmond). La Dernière nuit de Don Juan, poème dramatique en deux parties et un prologue. *Paris, Fasquelle,* 1921, in-8, broché.

EDITION ORIGINALE.
Exemplaire sur **papier de Hollande**, imprimé spécialement pour Mme Sarah Bernhardt.

110. ROSTAND (Edmond). Œuvres complètes illustrées. *Paris, Pierre Lafitte et Cie, s. d.,* 7 vol. pet. in-4, fig., cart. dos de chag. vert, plats toile, fers spéciaux de l'éditeur.

Les Musardises ; Le Bois sacré. — Les Romanesques. — La Samaritaine. — Cyrano de Bergerac. — L'Aiglon. — Chantecler. — La Princesse lointaine.
Nombreuses figures en noir dans le texte et planches en chromolithographie.

111. SARDOU (André). L'Etau, pièce en trois actes. *Paris, Calmann-Lévy, s. d.* (1913), in-12, broché.

> EDITION ORIGINALE.
> *Hommage autographe* de l'auteur à Mme Sarah Bernhardt.

112. SARDOU (Jean). Prologue en un acte, en vers, pour la représentation d'Esther au théâtre Sarah-Bernhardt. *Paris, Calmann-Lévy, s. d.* (1905), in-12, dos et coins mar. olive, têt. dor., non rogné (*Couvert.*).

> EDITION ORIGINALE ; ce prologue est dédié à Mme Sarah Bernhardt, en admiration reconnaissante.
> L'auteur a ajouté à la dédicace ces mots autographes : *en fervente et respectueuse amitié.*

113. SARDOU (Jean). Prologue en un acte, en vers, pour la représentation d'Esther au théâtre Sarah-Bernhardt. *Paris, Calmann-Lévy, s. d.* (1905), in-12, broché.

> EDITION ORIGINALE.
> *Hommage autographe* de l'auteur priant Mme Sarah Bernhardt d'accepter la dédicace reconnaissante de son ami respectueux.

114. SARDOU (Victorien) et Emile de NAJAC. Divorçons ! Comédie en trois actes. *Paris, Calmann Lévy,* 1883, in-8, broché.

> EDITION ORIGINALE.
> Sur le faux titre l'envoi autographe suivant :
>
> > *A Sarah !*
> > V. SARDOU.

115. SARDOU (Victorien) et MOREAU (Emile). Théâtre. Madame Sans-Gêne. Cléopâtre. Dante. *Paris, Ollendorff,* 1912, in-12, broché.

> Edition collective ornée des portraits de Mme Sarah Bernhardt dans *Cléopâtre* et Mme Réjane dans *Madame Sans-Gène.*
> Un des 10 exemplaires imprimés sur **papier de Hollande** portant ces lignes autographes sur la feuille de garde :
>
> > *Pour Sarah Bernhardt*
> > *qui, avant d'être* Cléopâtre,
> > *avait été* Parthénice, — *el en*
> > *attendant* Margot, Jeanne d'Arc
> > *et* Elisabeth.
> > *Son très fidèle et très*
> > *reconnaissant*
> > EMILE MOREAU.

116. SAUVENIÈRE (Jules). Hildhyllia. Frontisp. de Aug. Donnay. Interprétations de J. Portaels, Aug. Donnay, peintres, et Jos. Rulot, sculpteur. *Paris, Vanier, s. d.* (1892), in-4, broché.

> EDITION ORIGINALE, ornée d'un frontispice et de 11 lithographies hors texte.
> Un des 100 exemplaires imprimés sur **papier de cuve**, offert à Mme Sarah Bernhardt par *un long et enthousiaste hommage autographe* de l'auteur.
> Exemplaire incomplet de la couverture, et portant sur le feuillet de garde des annotations et des chiffres de la main de Mme Sarah Bernhardt.

117. SILVESTRE (Armand). Tristan de Léonois, drame en trois actes et sept tableaux, en vers. *Paris, Fasquelle*, 1897, in-8, broché.

> EDITION ORIGINALE.
> Sur le faux titre, *envoi autographe* de l'auteur à Mme Sarah Bernhardt.

118. SILVESTRE (Armand) et MORAND (Eugène). Les Drames sacrés, poème dramatique en un prologue et dix tableaux en vers. Avec musique de Ch. Gounod. *Paris, Kolb, s. d.* (1893), in-8, cartonn. demi-vélin blanc, dos orné et chiffre, têt. rouge, non rogné (*Franz*).

> EDITION ORIGINALE.
> Un des 20 exemplaires imprimés sur **papier du Japon**.
> Le faux titre porte cet envoi autographe signé des deux auteurs :
>
> > *A Sarah Bernhardt*
> > *avec l'admiration et les regrets du poète*
> > *de* Griselidis, *avec l'admiration*
> > *et les espoirs reconnaissants du*
> > *poète d'Izeyl.*

119. TRARIEUX (Gabriel). La Brebis perdue, pièce en trois actes. *Paris, Stock*, 1911, in-12, broché.

> EDITION ORIGINALE.
> Un des 16 exemplaires imprimés sur **papier de Hollande**.
> Le faux titre porte cet envoi autographe :
>
> > *A Sarah Bernhardt*
> > *que j'ai connue naguère en Grèce*
> > *quand elle était sculpteur...*
> > *En souvenir d'alors*
> > *et en hommage d'aujourd'hui*
> > > G. T.

120. VACQUERIE (Auguste). Théâtre complet. *Paris, Calmann Lévy*, 1879, 2 vol. — Futura. Deuxième édition. *Ibid., id.*, 1890. — Ens.

3 vol. in-8, mar. blanc, comp. de fil. à la Du Seuil, dos ornés, dent,
int., têt. dor., non rognés, étui.

PREMIÈRE ÉDITION COLLECTIVE.
Exemplaire relié au chiffre de Mme Sarah Bernhardt, portant sur le faux
titre du premier volume l'envoi suivant :

A Sarah Bernhardt
son admirateur
et son ami

AUGUSTE VACQUERIE.

Cassure à la p. 199 du premier volume.

121. **VALDAGNE (Pierre).** La Blague, comédie en trois actes. *Paris,
Ollendorff*, 1896, in-12, broché.

EDITION ORIGINALE.
Un des 10 exemplaires imprimés sur **papier de Hollande**, offert à Mme Sarah
Bernhardt par *un envoi autographe* de l'auteur.

122. **VÉROLA (Paul).** Rama, poème dramatique en trois actes. Illustrations de Alphonse Mucha. *Paris, Bibliothèque artistique et littéraire*,
1898, in-4, figures en couleurs, broché.

Exemplaire imprimé sur papier vélin portant cette mention manuscrite :
« Premier exemplaire sorti des presses et hors numérotage ». Offert à
Mme Sarah Bernhardt avec *l'hommage autographe* de l'auteur.

123. **WAILLY (G. de).** Patron Bénic, scène de la vie maritime, en un
acte. *Paris, Calmann Lévy*, 1899, in-12, cartonn. vélin blanc à
recouvr., chiffre S. B. frappé sur l'angle gauche du premier plat, non
rogné, couverture (*Franz*).

EDITION ORIGINALE de cette pièce dédiée à Mme Sarah Bernhardt et représentée pour la première fois sur la scène de la Renaissance le 17 septembre
1894.
Exemplaire offert à Mme Sarah Bernhardt avec *un bel envoi autographe* de
l'auteur.

124. **ZAMACOIS (Miguel).** La Fleur merveilleuse, pièce en quatre
actes, en vers. *Paris, Fasquelle*, 1910, in-12, cartonn. vélin blanc,
fil., dos orné portant au bas le monogramme S. B., dent. int., têt.
dor., non rogné, couverture (*Franz*).

EDITION ORIGINALE.
Cet envoi autographe sur le faux titre :

A Madame Sarah Bernhardt
Souvenir affectueux et reconnaissant,

MIGUEL ZAMACOÏS

C. — Théâtre étranger.

125. ANNUNZIO (Gabriele d'). La Città Morta, tragedia. *Milano, Fratelli Treves*, 1898, in-8, texte italien, demi-rel. mar. blanc, plats de papier maroquiné blanc, chiffre au dos, têt. dor., non rogné (*Franz*).

> Édition originale.
> Exemplaire imprimé sur **papier vélin de Hollande** ; il porte sur la page de garde cette dédicace autographe :
>
>> *à Sarah Bernhardt —*
>>> *à Celle « qui porte*
>>> *dans sa main plus de*
>>> *clarté que l'Heure Première »*
>>
>>>> Gabriel d'Annunzio.
>>>> *Paris ; février* 1898.

126. ANNUNZIO (Gabriele d'). I Sogni delle Stagioni. Sogno d'un tramonto d'Autunno, poema tragico. *Milano, Fratelli Treves*, 1899, gr. in-8, demi-rel. mar. blanc, plats de papier maroquiné blanc, dos avec chiffre, têt. dor., non rogné (*Franz*).

> Édition originale.
> Un des **150** exemplaires numérotés imprimés sur **papier de Hollande**.
> Sur le faux titre, cet envoi autographe :
>
>> *A Sarah Bernhardt*
>>> *alla Signora dei Sogni,*
>>> *religiosamente offre*
>>
>>>> Gabriele d'Annunzio
>>>> *Settignano di Desiderio :*
>>>> *Novembre* 1898.

127. ANNUNZIO (Gabriele d'). Francesca da Rimini, tragedia. *Milano, Fratelli Treves*, 1902. pet. in-4, cartonn. toile grise, fers spéciaux de l'éditeur, non rogné, attaches.

> Édition originale, décorée d'ornements en rouge et noir par *Adolphe de Karolis*.

128. ANNUNZIO (Gabriele d'). Fedra, tragedia. *Milano, Fratelli Trèves*, 1909, in-8, cartonn. vélin blanc, fil., dos orné et chiffre, dent. int., têt. dor., non rogné, couverture (*Franz*).

> Texte italien ; l'édition est ornée de figures gravées sur bois par *Adolphe de Karolis*.

Le feuillet de garde porte le bel envoi autographe suivant :

à Sarah Bernhardt —
à la sublime révélatrice de
la Phèdre racinienne —
j'offre humblement ce
poème où rugit une
« Lionne à deux pieds ».

Paris, avril 1910
GABRIELE D'ANNUNZIO.

129. COMYNS CARR. (J.). King Arthur, a drama in a prologue and four acts. *London, Printed at the Chiswick Press,* 1895, in-8, mar. rouge, fil., dos long, dent. int., tr. dor., non rogné (*Zaehnsdorf*).

ÉDITION ORIGINALE, imprimée à petit nombre sur papier de Hollande, et non mise dans le commerce.

Ce drame, monté au Lyceum Théâtre, a été interprété par les plus grands acteurs anglais : Irving et Miss Ellen Terry.

Le faux titre de cet exemplaire porte *un envoi autographe* d'Irving à Mᵐᵉ Sarah Bernhardt.

130. GOETHE. Faust. Réunion d'éditions diverses de cette tragédie. 5 vol. in-12 et in-8, brochés.

Faust et le second Faust, suivis d'un choix de poésies allemandes, traduits par Gérard de Nerval. *Garnier frères, s. d.* (2 exempl.). — Faust, traduit en français dans le mètre de l'original et suivant les règles de la versification allemande par Fr. Sabatier. *Delagrave, s. d.* — Faust, rendu en vers français, par Pierre Masclaux. *Berlin,* 1911. — Faust, traduction nouvelle par Ralph Roderich Schropp. *Perrin et Cⁱᵉ,* 1905.

Dos brisé à 2 vol.

131. GOETHE. Faust, eine Tragödie. Erster Theil. Illustrirt in 50 Compositionen von Alexander Liezen Mayer, mit Ornamenten von Rudolf Seitz. *München, Th. Stroefer, s. d.,* gr. in-4, toile rouge, fers spéciaux, tr. dor. (*Cartonn. de l'éditeur*).

Nombreuses figures sur bois et 5 planches à l'eau-forte par *A. Liezen Mayer.*

Sur le titre cet envoi :

Pour Vous
de
Moi.
5. 2. 1907.

132. IBSEN (Henrik). Théâtre. Les Revenants. La Maison de poupée. Traduit du norvégien par M. Prozor ; avec une préface d'Edouard Rod.

Portrait de H. Ibsen. *Paris, Savine,* 1889, in-12, demi-mar. vert, dos orné et chiffre, tr. jasp. (*Franz*).

> PREMIÈRE ÉDITION de ces traductions ; ce sont les premières œuvres d'Ibsen qui aient pénétré en France.

133. MANSILLA (Daniel Garcia). La Justicière, drame en trois actes et en prose. *Buenos-Aires, Imprenta de P. E. Coni,* 1892, in-12, dos et coins veau vert clair, fil., dos avec chiffre, têt. dor., non rogné.

> ÉDITION ORIGINALE.
> Le faux titre porte cet envoi autographe de l'auteur :
>> *A Sarah Bernhardt*
>>> *Madame,*
>>> *Vous êtes belle comme votre*
>>> *âme, votre sourire est un*
>>> *éblouissement !*
>
> (Quelques fautes corrigées et quelques mots ajoutés dans le texte, au crayon, par l'auteur.)

134. RETSCH. Umrisse zu Goethe's Faust, gezeichnet von Retsch. *Stuttgart et Tübingen, Cotta,* 1820, in-8 oblong, cartonn. pap. vert, titre sur pièce rouge (*Cartonn. de l'époque*).

> 26 planches gravées au trait, avec texte explicatif.
> Sur un feuillet de garde signature manuscrite de Mme Sarah Bernardt, au crayon.

135. SCRIBE et LEGOUVÉ. Adrienne Lecouvreur, drama i 5 acter. *Kjsbenhavn,* 1880, in-8, velours grenat, tr. dor.

> Version danoise.
> Sur le premier plat de la reliure, en grandes lettres dorées : *Sarah Bernhardt.*

136. SHAKESPEARE. The Pictorial edition of the works of Shakspeare. *London, Knight and C°, s. d.* (1838-1843), 8 vol. gr. in-8, mar. rouge, encadr. de dent., dos ornés, dent. int., tr. dor. (*Rel. anglaise de l'époque*).

> Belle édition donnée par Charles Knight, excellent critique ; le tome VIII renferme la biographie de Shakespeare.
> Très nombreuses illustrations.
> Ex-libris de Mme Sarah Bernhardt à l'intérieur des volumes ; ses initiales ont été ajoutées au bas du dos des reliures.

137. SHAKESPEARE. Œuvres complètes. François-Victor Hugo tra-

ducteur. *Paris, Pagnerre*, 1864-1867, 18 vol. in-8, cartonn. dos et coins de toile brune, chiffre S. B. sur les dos, tr. jasp.

> La pièce *Le Marchand de Venise* (tome VIII) porte des *annotations autographes* au crayon de Mme Sarah Bernhardt. — Ce volume est déboîté.
> Une partie du titre du tome III manque ; raccommodages en marges de quelques ff. des tomes IV et VII.

138. SHAKESPEARE. OEuvres complètes, traduites par Emile Montégut. *Paris, Hachette et Cie*, 1867-1873, 10 vol. in-12, demi-rel. chag. vert, plats de toile chagrinée, compart. de fil. à froid, dos ornés de fil. dor., tr. jasp. (*Rel. de l'époque*).

> Chaque volume porte au dos le chiffre de Mme Sarah Bernhardt.

139. SHAKESPEARE. The handy-volume. *London, Bradbury, Agnew & Co, s. d.*, 13 vol. in-32, cuir brun souple, tr. dor.

> Edition bien imprimée.

140. SHAKESPEARE. Complete works, with a biographical introduction by Henry Glassford Bell. Illustrated with sixty-five photo-engravings of eminent histrionic artists. *London, W. Collins, s. d.*, pet. in-8, texte sur 2 col., cartonn. toile grenat (*Cartonn. de l'éditeur*).

> Cet envoi autographe sur le faux titre :
> *To Madame Sarah Bernhardt*
> *from Lily.*

141. SHAKESPEARE. Roméo et Juliette. Traduction de Daffry de La Monnoye. Illustrations d'Andriolli. Gravures de Huyot. *Paris, Firmin-Didot et Cie, s. d.* (1886), gr. in-4, pl., demi-rel. mar. blanc, chiffre S. B. sur le dos, fil., tête dor., non rogné (*Franz*).

> Illustrations gravées sur bois.

142. SHAKESPEARE. Romeo and Juliet, with an introduction by Richard Henry Stoddard, and illustrations by Jacques Wagrez and Louis Titz. *New York, Duprat et Cie (Paris, Imp. Jouaust)*, 1892, in-8, broché.

> Edition tirée à 350 exemplaires ornés de 6 figures hors texte, d'en-têtes et culs-de-lampe à l'eau-forte par *Wagrez*, et de 5 planches en camaïeu par *L. Titz*.
> Exemplaire imprimé sur papier de Hollande, offert à Mme Sarah Bernhardt par un hommage de Fay L. Hand, écrit en anglais sur le feuillet de garde.

143. SHAKESPEARE'S Tragedy of Hamlet, with preface, glossary, etc.,
by Israël Gollancz. *London, Dent and C°*, 1899, pet. in-16, mar. de
Tanger orange, le premier plat encadré d'un fil. dor., formant aux
angles de petits compart. couverts de points dor., dos orné, fil. à l'int.,
tr. dor. (*Rel. anglaise*).

> On a relié en tête de l'exemplaire une copie calligraphiée en noir et
> rouge sur peau de vélin du célèbre sonnet d'Edmond Rostand, composé en
> l'honneur de Mme Sarah Bernhardt.
>
> > *En ce temps sans beauté, seule encor tu nous restes,*
> > *Sachant descendre, pâle, un grand escalier clair...*
>
> Le monogramme S. B., exécuté en filets et pointillé dor., orne le milieu
> du premier plat ; la devise *Quand Même* est frappée au-dessous.

144. STRINDBERG (Auguste). Père. Le Paria. Traductions de Georges
Loiseau, précédées d'une lettre de M. Emile Zola. *Paris, Ollendorff*,
1895, in-12, demi-rel. mar. grenat, monogramme S. B. au bas du dos,
tr. jasp. (*Franz*).

> EDITION ORIGINALE de ces traductions.
> Au verso du premier plat de la couverture, seul conservé :
>
> > *A la future Margit Bengt*
> > *à l'admirable et fine artiste*
> > *Son respectueux*
> > GEORGES LOISEAU.
>
> Margit Bengt est l'héroïne du drame de Strindberg *La Femme du cheva-
> lier Bengt.*

145. TROWBRIDGE (W.-R.-H.). Jézabel, drame en un acte, en prose.
Paris, Editions de la Plume, 1903, in-16, mar. bleu, fil., titre de
l'ouvrage frappé en or sur le premier plat, dent. int., tête dor., non
rogné, couverture (*R. de Coverly and sons*).

> EDITION ORIGINALE de ce drame traduit de l'anglais et dédié à Mme Sarah
> Bernhardt.
> Sur un feuillet de garde l'envoi autographe suivant :
>
> > *A la plus grande artiste contemporaine*
> > *respectueusement*
> > W. R. H. TROWBRIDGE.

d. — Pièces du répertoire de Mme Sarah Bernhardt.

146. ANNUNZIO (Gabriele d'). Les Victoires mutilées, trois tragédies
traduites de l'italien par G. Hérelle. *Paris, Calmann-Lévy, s. d.*
(1903), in-12, veau fauve clair, « Victoire de Samothrace » vue de

face, dessinée en traits dorés sur le premier plat, dos orné, doublé de vélin blanc couvert de compart. de fil., de rinceaux et fers azurés, style xvie siècle, portant au centre le titre en petites capitales dor., gardes de soie blanche, tr. dor. (*Staderini, Roma*).

> EDITION ORIGINALE de cette traduction.
> Un des 3 exemplaires imprimés sur **papier du Japon**.
> Ces trois tragédies sont : *La Gioconda. La Ville morte. La Gloire.*
> *La Ville morte*, tragédie en cinq actes, a été représentée pour la première fois à Paris, au théâtre de la Renaissance, le 21 janvier 1898, Mme Sarah Bernhardt interprétant le rôle d'*Anne*.
> La feuille de garde de l'exemplaire porte cette dédicace autographe :
>
> > *A Sarah Bernhardt*
> > *qui eut un soir dans*
> > *ses yeux vivants*
> > *la cécité des statues*
> > *divines*
> >
> > GABRIELE D'ANNUNZIO
> > 1898-1903.
>
> (Cette dédicace est aussi imprimée en tête de la pièce, dans ce recueil.)

147. **BISSON** (Alex.). La Femme X....., drame en cinq actes, dont un prologue. *Paris, Libr. Théâtrale*, 1908. — Dieulafoy (Mme). Parysatis, drame. Musique de Camille Saint-Saëns. *Juven, s. d.* — Feuillet (O.). Le Sphinx, drame. *Calmann Lévy*, 1879. — Hugo (Victor). Lucrèce Borgia. *Hetzel, s. d.* — Maeterlinck (M.). Pelléas et Mélisande. *S. l. n. d.* — Meilhac et Halévy. Froufrou, comédie. *Calmann Lévy*, 1893. — Mendès (C.). Sainte Thérèse. La Vierge d'Avila, drame. *Fasquelle*, 1906. — Racine. Andromaque. — Parodi. Rome vaincue *Dentu*, 1881. — Annunzio (G. d'). Le Songe d'une matinée de printemps (édit. pré-orig. publiée dans la *Revue de Paris*). — Rostand (E.). L'Aiglon. *Fasquelle* (3 exempl. dont 1 incomplet). — Shakespeare. La Tragique histoire d'Hamlet, traduction par Eug. Morand et Marcel Schwob. *Fasquelle*. 1900. — Ens. 14 pièces.

> Exemplaires de travail ayant servi pour les répétitions et portant des annotations, des passages soulignés et des indications de coupures de la main de Mme Sarah Bernhardt.
> On sait que Mme Sarah Bernhardt a joué dans ces pièces les rôles de *Berthe de Savigny* (Le Sphinx), *Parysatis, Lucrèce Borgia, Froufrou, Sainte Thérèse, Andromaque, Posthumia* (Rome vaincue), l'*Aiglon* et *Hamlet* ; les autres pièces ont été jouées sous sa direction à la Renaissance ou au Théâtre Sarah-Bernhardt.
> L'exemplaire de *Lucrèce Borgia* renferme de plus un grand plan sur papier calque du décor de l'acte V établi par Amable. Un des exemplaires de *l'Aiglon* renferme un cahier de 9 dessins originaux au crayon, signés *Pal*,

exécutés durant une traversée de Mme Sarah Bernhardt à bord de l'*Aquitaine*, représentant le médecin de bord, le médecin particulier et divers passagers.

148. BORNIER (Henri de). La Fille de Roland, drame en quatre actes en vers. *Paris, Dentu*, 1875, in-8, chag. bleu de France, fil., monogramme S. B. frappé sur le premier plat, dos orné et chiffre, dent. int., tr. dor.

> Exemplaire imprimé sur **papier vélin fort**, donné en hommage à la créatrice de la *Fille de Roland* par cet envoi autographe sur une page de garde :
>
> *A Melle Sarah-Bernhardt*
> *ma bonne, belle et intelligente* Berthe
> *offert par l'auteur reconnaissant*
> Henri de Bornier.

149. BOUILHET (Louis). Mademoiselle Aïssé, drame en quatre actes, en vers, avec les jugements de la critique. *Paris, Michel Lévy frères*, 1872, in-12, dos et coins de mar. bleu foncé, tête dor., non rogné.

> Edition originale.
> Mme Sarah Bernhardt créa le rôle de *Mademoiselle Aïssé*.

150. CASTELLANE (Mis de). Le Festin de la mort, drame en un acte. *Paris, Librairie Théâtrale*, 1904, in-12, mar. rouge, grand monogramme S. B. frappé au centre du premier plat, dent. int., têt. dor., non rogné, couverture (*Thierry, s^r de Petit-Simier*).

> Edition originale de ce drame représenté pour la première fois au Théâtre Sarah-Bernhardt le 14 janvier 1904, et dans lequel Mme Sarah Bernhardt créa le rôle de *Mme Monjourdain*.
> Cette ligne autographe sur la feuille de garde :
>
> *Souvenir de reconnaissance et de tendre affection.*
> Castellane.

151. COPPÉE (François). Le Passant, comédie en un acte, en vers, représentée pour la première fois au théâtre national de l'Odéon, le 14 janvier 1869, reprise à la Comédie-Française le 29 novembre 1888. *Paris, Lemerre*, 1889, in-8, réimposé de format in-4, broché.

> Un des 5 exemplaires imprimés sur **papier du Japon**.

152. COPPÉE (François). La Bataille d'Hernani, poésie dite par Mlle Sarah Bernhardt à la Comédie Française, le 25 février 1880.

Paris, Lemerre, 1880, in-4, en feuilles, sous un carton de papier glacé vert clair, dos de toile, avec attaches.

Edition originale ; cette poésie a été dite à l'occasion du 50e anniversaire de la première représentation d'*Hernani*.

Exemplaire unique, imprimé sur **peau de vélin** pour Mlle Sarah Bernhardt.

153. COPPÉE (François). Matinée dramatique en l'honneur de François Coppée (1842-1908). Théâtre Sarah-Bernhardt, 27 mai 1922. (*Paris, Lemerre*, 1922), gr. in-8. broché.

Cette plaquette contient une biographie de François Coppée par Georges Druilhet, le programme de la matinée, des extraits des plus belles poésies de Coppée et une chronique de Félix Duquesnel sur *Le Passant*, rappelant le triomphe de Sarah Bernhardt, du jour au lendemain rendue célèbre par sa création du rôle de *Zanetto* (14 janvier 1869).

Portrait de Fr. Coppée et figure (Le Passant), par *Boilvin*.

Un des 25 exemplaires imprimés sur **papier du Japon.**

(Au cours de cette matinée du 27 mai 1922, Mme Sarah Bernhardt lut — pour la dernière fois — le rôle du *Passant*, tandis que Mme Segond-Weber interprétait celui de *Sylvia.*)

On y a ajouté **la très belle pièce de vers autographe** d'Auguste Dorchain, offerte avec ce titre et cet envoi :

Le Passant, ode à Madame Sarah Bernhardt dite le 27 Février 1914, à l'occasion de sa nomination dans l'ordre de la Légion d'honneur, en l'Hotel de l'Université des Annales, par Madame Segond Weber, de la Comédie-Française, et recopiée par l'auteur le jour où l'illustre artiste, non contente d'offrir aux « Amis de François Coppée » l'hospitalité de son théâtre, daigne être encore une fois, pour eux, la merveilleuse, la légendaire interprète de Zanetto.

Hommage d'admiration fervente, de gratitude profonde et de tendre respect.

Auguste Dorchain,
Président de la Société
« Les Amis de François Coppée ».

(Cette ode compte 18 strophes ; elle est écrite sur un cahier de papier du Japon plié en six feuillets de format in-4.)

154. CRAWFORD (Francis-Marion). Francesca da Rimini, traduit par Marcel Schwob, drame en cinq actes dont un prologue. *Paris, Fasquelle*, 1902, in-12, mar. blanc, 3 fil. dor., dos mosaïqué, orné et chiffre, dent. int., tête dor., non rogné, étui (*Franz*).

Edition originale de cette traduction.

Ce drame a été représenté au théâtre Sarah-Bernhardt le 22 avril 1902, Mme Sarah Bernhardt incarnant *Françoise de Rimini* ; Marcel Schwob a, par la dédicace imprimée, fait hommage de sa traduction à la grande artiste « qui par sa magie créatrice a réincarné après six cents ans l'âme de Francesca « che piange e dice ».

Exemplaire sur papier du Japon imprimé spécialement pour Mme Sarah Bernhardt.

155. CRAWFORD (Francis-Marion). Francesca da Rimini, traduit par Marcel Schwob, drame en cinq actes dont un prologue. *Paris, Fasquelle*, 1902, in-12, broché.

Édition originale de cette traduction.

156. DENAYROUZE (Louis). La Belle Paule, fantaisie en un acte, en vers. *Paris, Librairie des Bibliophiles*, 1872, in-12, chag. vert, fil. à froid, dos orné portant au bas les initiales S. B., dent. à froid à l'int., tr. dor. (*Gruel*).

Édition originale.
Exemplaire imprimé sur **papier de Hollande**, offert avec ces lignes autographes de l'auteur :

> *A Mademoiselle Sarah Bernhardt*
> *hommage profondément*
> *reconnaissant*
> L. Denayrouze.

Cette pièce fut représentée aux *Matinées littéraires* de la Gaîté le 22 décembre 1872, puis portée au Théâtre-Français le 12 mai 1874, Sarah Bernhardt interprétant depuis le début le rôle de *Gaston de Ligniville*.

« Après *Le Sphinx*, je jouai une jolie pièce en un acte d'un jeune élève de l'École polytechnique, Louis Denayrouze, *La Belle Paule*. Ce jeune auteur est devenu un savant remarquable et a renoncé à la poésie » (*Mémoires*).

157. DENAYROUZE (Louis). La Belle Paule, comédie en un acte, en vers. *Paris, Imprimerie de J. Claye*, 1874, in-12, mar. tête de nègre, curieux blason, composé pour Mme Sarah Bernhardt, mosaïqué sur le premier plat, dos avec chiffre, dent. int., doublé et gardes de moire jaune paille, tr. dor. (*Gruel*).

Exemplaire imprimé sur **papier Whatman**, avec *envoi autographe* de l'auteur sur le feuillet de garde.

158. DUMAS FILS (Alexandre). La Dame aux Camélias, drame en cinq actes. (*Paris*), *Edition du Figaro, Imprimerie Motteroz*, 1882, in-8, mar. vert clair, encadr. de fil. et pointillé avec larges motifs d'angles formés de rinceaux et points dor., ex-libris de Mme Sarah Bernhardt mosaïqué en mar. rouge violet, et dor., au centre du premier plat (l'ex-libris est formé du chiffre S. B. barré d'une banderolle portant la devise « Quand même » et surmonté d'attributs : masque

tragique, épée et marotte), dos orné et mosaïqué, dent. int., tr. dor., dans un étui gainé de moire verte du même ton que la reliure, encadré sur toutes les faces de fil. et pointillé dor., avec, sur un plat, l'ex-libris, tel qu'il est décrit ci-dessus (*Engel*).

Edition publiée en souvenir de la représentation organisée par *le Figaro* au profit de Mme Chéret, veuve du grand peintre décorateur.

Cette édition a été publiée en tout à 3o exemplaires destinés à l'auteur et aux interprètes de la pièce.

Exemplaire imprimé sur **peau de vélin** pour Mme Sarah Bernhardt, offert avec un envoi autographe « au nom du *Figaro* », signé de Francis Magnard.

(Mme Sarah Bernhardt donna cette représentation de la *Dame aux Camélias*, le 25 mai 1882, sur le théâtre de la Gaîté, au retour d'une absence de deux années durant lesquelles parvenaient incessamment à Paris, de tous les pays du monde, le bruit du succès qu'elle remportait dans le rôle de *Marguerite Gautier*. Ce jour-là, M. Damala (sous le nom de Jacques Darall) consentit à se montrer pour la première fois sur une scène parisienne, dans le rôle d'Armand Duval.)

159. **DUMAS FILS** (Alexandre). L'Etrangère, comédie en cinq actes. *Paris, Calmann Lévy*, 1877, in-8, mar. rouge jans., chiffre au dos, dent. int., doublé et gardes de moire blanche, tête dor., ébarbé.

Edition originale.

L'Étrangère fut représentée pour la première fois sur le Théâtre-Français le 14 février 1876, Sarah Bernhardt créant le rôle de *Mistress Clarkson*.

Les répétitions de *l'Étrangère* furent fort agitées ; Dumas fils avait promis le rôle de la duchesse de Septmonts à Sarah Bernhardt, mais à l'issue de la lecture ce rôle fut donné à Croizette, tandis que Sarah recevait celui de Mistress Clarkson. Déjà très mécontente, Sarah le fut bien davantage quand il fut question de changer le titre de la pièce et de l'appeler « La Duchesse de Septmonts », de façon à bien marquer la prédominance du rôle de Croizette sur le sien. Sarah courut chez Dumas, épuisant sa colère dans une avalanche de phrases cinglantes, furieuses et sincères ».

Dumas, désolé d'avoir causé tout ce chagrin, promit au moins de maintenir le titre de *l'Étrangère*, et Mme Sarah Bernhard conclut dans ses mémoires par cette appréciation vengeresse : « La pièce eut un énorme succès, Coquelin, Febvre et moi remportâmes les gros succès de la soirée. »

Et voici pourquoi cet exemplaire porte sur le faux titre l'envoi autographe suivant :

> *A Mademoiselle Sarah Bernhard*
> *Avec les excuses, les remerciements*
> *et les compliments sans réserves*
> *de l'auteur.*
>
> A. Dumas f.

160. DUMAS FILS (Alexandre). L'Étrangère, comédie en cinq actes. *Paris, Calmann Lévy, 1877,* gr. in-8, broché.

> Même édition que la précédente.
> Un des **40** exemplaires imprimés sur **papier de Hollande,** offert avec cet envoi autographe sur le feuillet de garde :
>
> *A Mademoiselle Sarah Bernhardt*
> *100ᵉ de l'Étrangère*
> *Souvenir affectueux et*
> *reconnaissant de l'auteur*
>
> A. DUMAS F.
> *12 mars 1872.*
>
> (Le dos est brisé et il ne reste qu'une petite partie de la couverture.)

161. DUMAS FILS (Alexandre). Théâtre complet. Édition des comédiens. Avec les premières préfaces, revue, corrigée et augmentée de variantes et de notes inédites. *Paris, Calmann Lévy,* 1882-1893, 7 vol. in-8, mar. rouge, compart. de fil., fleurons aux angles, dos ornés, dent. int., doubles gardes, tr. dor. *(Gruel).*

> Edition tirée en tout à 99 exemplaires ; celui-ci, un des 50 imprimés sur papier de Hollande :
>
> *Numéro trente-quatre*
> *Exemplaire*
> *de*
> *Mademoiselle Sarah Bernhardt.*
>
> (Cette mention imprimée est suivie de la signature autographe de Dumas fils.)
> Une photographie, prise d'après un tableau, a été placée dans le premier volume en tête de la *Dame aux Camélias* ; elle représente Mᵐᵉ Dache, créatrice du rôle.

162. FABRE (Joseph). Jeanne d'Arc, drame historique en 5 actes, avec prologue. *Paris, Dentu,* 1890, in-12, broché.

> EDITION ORIGINALE, publiée avant que la pièce ait été jouée sur le théâtre de la Porte-Saint-Martin au cours de la même année. Sarah Bernhardt créa le rôle de *Jeanne d'Arc.*
> Envoi autographe sur le faux titre :
>
> *A Madame Sarah Bernhardt*
> *à l'admirable tragédienne*
> *qui a incarné avec tant de poésie une Jeanne d'Arc*
> *et que je rêve de revoir triomphante à la Comédie française*
> JOSEPH FABRE.
>
> On y a joint du même auteur : Jeanne d'Arc, libératrice de la France. *Librairie Delagrave,* 1884. — La Délivrance d'Orléans, mystère en trois

actes. *Hachette et Cie*, 1913. — La Délivrance d'Orléans, mystère. Appendice de la 1re et de la 2e éditions. *Hachette et Cie*, 1914, soit 3 vol. *Hommage autographe* de l'auteur à Mme Sarah Bernhardt sur chaque ouvrage.

163. FAUCHOIS (René). Rivoli. Vitrail. Jean Bart ou Le Bon corsaire. *Paris, L'Edition Française illustrée*, 1919, in-12, broché.

> Première édition en librairie de ces trois pièces réunies sous le nom de *Théâtre de France*.
> *Rivoli*, pièce en quatre actes, a été repris sur le théâtre Sarah-Bernhardt le 13 décembre 1916. Dans *Vitrail*, Mme Sarah Bernhardt a interprété le rôle de *Doulce Violaine*.
> Un des 20 exemplaires imprimés sur **papier de Hollande** teinté ; celui-ci, n° 18, a été spécialement imprimé pour Mme Sarah Bernhardt, et porte cet hommage autographe sur le faux titre :

> *A Madame Sarah Bernhardt,*
> *qui mit dans ma vie la lumière de la gloire,*
> *en toute ferveur reconnaissante*
> RENÉ FAUCHOIS.

> L'exemplaire renferme de plus, en tête de la pièce *Rivoli*, les signatures de Madeleine Barjac et de Jean Hervé, interprètes de la première création à l'Odéon : et sur le titre de départ de *Vitrail* se lisent les signatures de Mmes Bartet, créatrice de *Doulce Violaine* à la Comédie-Française, et de Dussane.

164. FERRIER (Paul). Chez l'Avocat, comédie en un acte, en vers libres. *Paris, Michel Lévy frères*, 1873, in-12, dos et coins de mar. La Vall., tête dor., non rogné.

> EDITION ORIGINALE.
> *Envoi autographe* de l'auteur à Mme Sarah Bernhardt qui créa le rôle de *Marthe* dans cette pièce.

165. FEUILLET (Octave). Théâtre complet. *Paris, Calmann Lévy*, 1892-1893, 5 vol. in-12, brochés.

> PREMIÈRE ÉDITION COLLECTIVE.
> Cet envoi autographe est joint à l'exemplaire :

> *A Madame Sarah Bernhardt*
> *En souvenir de l'auteur*
> *disparu qui l'aimait et*
> *l'admirait*
> V. FEUILLET.

> (Le tome IV est en double.)
> Mme Sarah Bernhardt a tenu le rôle de Berthe de Savigny dans le *Sphinx*.

166. FOUSSIER (Édouard) et EDMOND (Charles). La Baronne, drame

en quatre actes, en prose. *Paris, Lemerre,* 1871, in-12, dos et coins chag. brun, dos orné à froid et chiffre, tr. marbr. (*Rel. de l'époque*).

ÉDITION ORIGINALE de ce drame représenté pour la première fois sur le théâtre de l'Odéon le 23 novembre 1871.
Sarah Bernhardt créa dans la pièce le rôle de *Geneviève de Savenay.*
Le faux titre porte cet envoi autographe signé des deux auteurs :
A Mlle *Sarah Bernhardt*
ses débiteurs reconnaissants.

167. HARAUCOURT (Edmond). La Passion, mystère en deux chants et six parties, in-4, veau fauve moucheté, 3 fil. dor., initiales S. B. dans un angle, dos orné, dent. int., non rogné (*Vié*).

Manuscrit autographe conforme à l'imprimé, divisé de même en six parties ; toutefois les noms de ces parties ont été modifiés : *Hosanna, La Cène, Les Oliviers...* étant devenus *L'Idée, L'Amour, La Peine,* etc. Nombreuses ratures, surcharges et passages non repris dans l'imprimé ; les vers se poursuivent ici, séparés par des tirets, sans les noms des interlocuteurs.
Plusieurs feuillets placés en tête portent des notes extrêmement intéressantes ; la première est un « emploi du temps » des plus curieux que l'auteur s'imposa durant qu'il écrivait cet ouvrage ; à la suite, date de commencement et d'achèvement de chaque acte.
Les feuilles suivantes, au nombre de six, renferment des indications de décor, des répliques, le canevas de plusieurs scènes et les références puisées dans les *Evangiles* et dans la *Bible.* Ces feuilles portent au verso quelques croquis à la plume étrangers au sujet, délassements consentis par l'auteur à lui-même, en infraction à sa rigoureuse consigne de travail.
Le manuscrit est complet sauf pour un passage qui occupe la pag. 52 de l'imprimé.
Sur la feuille de garde, *pièce de vers autographe* de six strophes, composée par le poète en l'honneur de Mme Sarah Bernhardt et dédiée « à sa grande amie ».

168. HARAUCOURT (Edmond). La Passion, mystère en deux chants et six parties. *Paris, Charpentier et Cie,* 1890, in-12, veau fauve clair marb., 3 fil. dor., initiales S. B. dans un angle, dos orné, dent. int., tr. dor. (*Vié*).

ÉDITION ORIGINALE.
Ce poème est dédié à Mme Sarah Bernhardt ; il a été lu le jour du Vendredi-Saint, 4 avril 1890, à Paris, salle du Cirque d'hiver, la **grande** artiste prêtant sa voix tour à tour aux femmes de la *Passion,* la Vierge, Madeleine, Marthe et le chœur ; — Ph. Garnier, incarnant le Christ, et Brémont, Judas, Pilate et Caïphe.
Exemplaire sur **papier du Japon** imprimé spécialement pour Mme Sarah Bernhardt et portant en souvenir DEUX VIBRANTES STROPHES MANUSCRITES de l'auteur à l'
Idole du seul temple
Où nos cœurs révoltés puissent prier et croire.

169. HERVIEU (Paul). Théroigne de Méricourt, pièce en six actes, en prose. *Paris, Lemerre*, 1902, in-12, broché.

> EDITION ORIGINALE ; la pièce a été représentée pour la première fois au théâtre Sarah-Bernhardt, le 23 décembre 1902, Sarah créant le rôle de *Théroigne de Méricourt* ; elle est dédiée « au génie somptueux et tragique de Mme Sarah Bernhardt. »
>
> Un des 10 exemplaires imprimés sur **papier de Chine** (n° 1), offert par un hommage autographe :
>
> *A Madame Sarah Bernhardt*
> *avec toute la gratitude d'un*
> *esprit et d'un cœur émerveillés.*
> PAUL HERVIEU.

170. **HUGO** (Victor). Hernani, ou l'Honneur castillan, drame. *Paris, Mame et Delaunay-Vallée*, 1830, in-8, cartonn. toile orange, initiales S. B. frappées au dos, non rogné.

> EDITION ORIGINALE.
>
> PRÉCIEUX EXEMPLAIRE ayant servi à Sarah Bernhardt pour l'étude du rôle de *Doña Sol* et annoté de sa main dans de nombreux passages. La correction apportée par elle à l'acte III, scène V, offre un intérêt tout particulier. Mlle Mars, créatrice du rôle de Doña Sol n'avait pu se résoudre au cours des répétitions à donner certaine réplique à son camarade Firmin ; elle suppliait l'auteur de changer un hémistiche ; celui-ci objectait : « Mais, Madame, qu'y a-t-il d'étrange à cela ? Hernani vous dit :
>
> *Que n'ai-je un monde*
> *je te le donnerais ! je suis bien malheureux !*
>
> Et vous lui répondez :
>
> *Vous êtes mon lion, superbe et généreux !*
> *Je vous aime.*
>
> « Alors, vous y tenez à votre *lion*, insinuait l'artiste ; en vérité, cela me semble si drôle d'appeler M. Firmin mon lion ! »
>
> A chaque répétition, cette objection revenait ; Victor Hugo, lassé, prit un jour le parti de redemander son rôle à Mlle Mars qui, bien entendu, ne le rendit pas, mais il faut croire que le mot qui effarouchait si fort ses traditions classiques ne put sortir de ses lèvres à la première de la pièce, puisque l'édition originale parut avec la variante qu'elle avait imaginée :
>
> *Vous êtes mon seigneur, vaillant et généreux !*
>
> Sur cet exemplaire, Sarah, éclatante incarnation de la noble castillane, a biffé le vers affaibli par Mlle Mars et restauré l'épithète romantique de Victor Hugo.

171. HUGO (Victor). Hernani, drame en cinq actes, en vers. Nouvelle édition. *Paris, Calmann Lévy*, 1878, in-8, mar. blanc rosé, fil., grandes initiales S. B. frappées sur le premier plat, dos orné et chiffre, dent. int., doubles gardes, tr. dor. sur témoins (*Gruel*).

> Edition tirée en tout à 100 exemplaires de luxe et publiée à l'occasion

de la reprise d'*Hernani* au Théâtre-Français en 1877, Sarah Bernhardt paraissant pour la première fois dans le rôle de *Doña Sol* et Mounet-Sully, Worms et Maubant prenant les rôles d'Hernani, Don Carlos et Ruy Gomez de Sylva.

L'édition présente a été publiée avec la première préface de 1830 dans laquelle l'auteur écrivait : « Nous lui donnons (au public) ce drame aujourd'hui tel qu'il a été représenté. Le jour viendra peut-être de le publier tel qu'il a été conçu par l'auteur. » Or, cette édition a réalisé ce vœu; elle reproduit la pièce complète et selon le manuscrit, avec les développements que la représentation avait retranchés, et les coupures avaient été telles que les scènes ne correspondent plus ici par leurs numéros avec les scènes de l'édition originale.

Exemplaire imprimé sur **papier Whatman**, portant cette dédicace autographe sur le faux titre :

Hommage à Mademoiselle
Sarah Bernhardt.
Victor Hugo.

Ce que fut le 21 novembre 1877 cette représentation d'*Hernani*? un vrai triomphe. La pièce n'avait pas été jouée depuis dix ans, confiée alors à d'aimables et excellents artistes, Mlle Favart, Delaunay, Bressant, mais qui n'avaient point l'exubérance romantique de tels rôles. Ce jour-là, ce fut Mlle Sarah Bernhardt avec son génie, sa voix enchanteresse et sa beauté, ce fut Mounet-Sully, ce « *lion* » magnifique, ce fut Worms, grand artiste dans le rôle de Charles-Quint — le public enthousiasmé applaudit à tout rompre tandis que Victor Hugo pleurait.

L'édition est ornée d'une eau-forte de *Chifflart* (ici en trois états) représentant la scène finale du drame. Les acteurs sont très ressemblants, et l'on se souvient, à la vue de Sarah, baignée dans un rayon lunaire, expirant sur le corps d'Hernani, que le réalisme de l'interprétation fut à cette époque presque trop fort pour les nerfs des spectateurs et que l'admirable artiste atténua par la suite les affres de cette trop véridique agonie.

[*Hernani*, joué le 25 février 1830 — repris en 1838 — interrompu pendant seize ans sous l'empire — repris en 1867, pendant l'Exposition universelle — et remonté en 1877.]

172. **HUGO (Victor).** Ruy Blas, drame en cinq actes en vers. Nouvelle édition. *Paris, Michel Lévy frères*, 1872, in-8, mar. rouge jans., initiales S. B. frappées au dos, dent. int., doubles gardes, tr. dor. (*Gruel*).

Edition publiée à l'occasion de la reprise de *Ruy Blas* à l'Odéon et tirée en tout à 275 exemplaires de luxe ornés d'une eau-forte d'*Edmond Morin*. Cette édition, donnée avec la première préface de 1838, renferme de plus une importante pièce de vers « A la France de 1872 » qui devait être lue au début de la représentation, mais que Victor Hugo supprima, n'ayant point voulu soumettre ses vers aux mutilations de la censure.

Le drame de *Ruy Blas* avait été joué pour la première fois le 8 novembre 1838 pour l'ouverture du Théâtre de la Renaissance, salle Ventadour;

repris à la Porte Saint-Martin le 11 août 1841, il fut remonté à l'Odéon le 19 février 1872, Sarah Bernhardt jouant le rôle de *Maria de Neubourg,* MM. Lafontaine, Geffroy et Mélingue, ceux de Ruy Blas, Don Salluste et Don César de Basan.

(Auguste Vacquerie, Paul Meurice et Geffroy avaient désigné la jeune artiste à Victor Hugo comme étant la seule digne à Paris de porter la couronne de la reine d'Espagne. Mme Sarah Bernhardt nous conte, avec un grand charme dans ses *Mémoires,* comment elle fut convoquée chez Victor Hugo pour la lecture, et que ce procédé lui ayant paru s'écarter des usages, le théâtre restant un terrain neutre pour l'audition des pièces, elle opposa au poète le refus suivant : « Monsieur. La Reine a pris froid. Et sa Camerera mayor lui interdit de sortir. Vous connaissez mieux que personne l'étiquette de cette Cour d'Espagne. Plaignez votre reine, Monsieur ? » et Victor Hugo envoya cette réponse : « Je suis votre valet, Madame. » La lecture eut lieu le lendemain sur la scène, et Sarah Bernhardt, géniale, intelligente et bonne, témoigna depuis et pour toujours au grand poète une admiration sans réserve et la plus grande déférence.)

La reprise de *Ruy Blas* fut triomphale, et, le rideau baissé, la petite Reine d'Espagne essoufflée, étourdie, ravie par son succès, comprit qu'elle était sacrée grande artiste quand elle vit la foule s'écarter et Victor Hugo s'avancer vers elle, mettre un genou en terre et baiser ses mains en murmurant « Merci, merci. »

Cet hommage est renouvelé sur le faux titre de cet exemplaire où se lit ce précieux envoi :

> *Aux pieds de Madame*
> *Sarah Bernhardt.*
> VICTOR HUGO.

173. HUGO (Victor). Théâtre. *Paris, Calmann Lévy, s. d.* (1883), gr. in-8, demi-chagrin rouge, dos orné d'un semis d'étoiles, tr. jasp. (*Rel. de l'époque*).

Recueil collectif orné d'une figure pour chaque pièce ; le texte est imprimé sur deux colonnes.

Intéressante édition donnant le détail des reprises successives pour chaque pièce, et le tableau des différentes distributions.

On sait que Mme Sarah Bernhardt a joué *Doña Maria de Neubourg, Doña Sol,* et plus récemment *Lucrèce Borgia,* dans le théâtre de Victor Hugo.

Exemplaire au chiffre de Mme Sarah Bernhardt.

174. HUGO (Victor). Théâtre. Tomes II et III. Marion Delorme. Le Roi s'amuse. Lucrèce Borgia. — Marie Tudor. Angelo. La Esmeralda. Ruy Blas. Les Burgraves. *Paris, Ollendorff, Imprimé par l'Imprimerie Nationale,* 1905-1908, 2 vol. gr. in-8, cartonn. vélin blanc, fil., dos ornés, têt. dor., non rognés, couvertures (*Franz*).

Belle édition ornée de planches hors texte placées après chaque pièce : fac-similés de la couverture originale, de lithographies de l'époque et de dessins de Victor Hugo ; portraits des principaux acteurs, dont celui de Mme Sarah Bernhardt.

Le tome II est imprimé sur **papier de Chine** et au nom de Mme Sarah Bernhardt ; on a ajouté au tome III (tiré sur papier ordinaire) les feuilles d'épreuves des pages 245 à 261 de ce tome, avec fumés des deux vignettes ornant ces pages.

La reliure de chaque volume porte au dos le monogramme de Mme Sarah Bernhardt.

175. **MANUEL** (Eugène). L'Absent, drame en un acte en vers. *Paris, Michel Lévy frères,* 1873, in-12, dos et coins mar. bleu vert, dos avec chiffre, têt. dor., non rogné (*Gruel*).

EDITION ORIGINALE de ce drame représenté pour la première fois sur le Théâtre-Français, le 4 juin 1873, Sarah Bernhardt créant le rôle de *Madame Douglas.*

Un des quelques exemplaires imprimés sur **papier de Hollande**, offert avec cet envoi autographe de l'auteur sur le faux titre :

> *A Mademoiselle Sarah Bernhardt*
> *à la poétique et touchante incarnation*
> *du modeste rôle de* Madame Douglas,
> *hommage de la plus reconnaissante et dévouée*
> *sympathie.*
> EUGÈNE MANUEL.

176. **MEILHAC** et **HALÉVY**. Théâtre. *Paris, Calmann Lévy, s. d.* (1900-1902), 8 vol. in-12, brochés.

PREMIÈRE ÉDITION COLLECTIVE.

Cet envoi autographe sur le premier volume :

> *à ma chère grande amie Sarah Bernhardt*
> *en souvenir reconnaissant de* Froufrou
> *par Meilhac et Halévy*
> LUDOVIC HALÉVY.

Mme Sarah Bernhardt avait repris, à la Porte-Saint-Martin en 1888, le rôle de *Froufrou* créé par Desclée en 1869,

177. **MENDÈS** (Catulle). Médée, tragédie en trois actes. *Paris, Fasquelle,* 1898, in-12, cartonn. à recouvr. vélin blanc, fil., dos orné et chiffre, têt. dor., non rogné, couverture (*Franz*).

EDITION ORIGINALE ; *Médée* a été représenté sur la scène de la Renaissance, le 28 octobre 1898, Mme Sarah Bernhardt créant le rôle de *Médée.*

Un des **20** exemplaires imprimés sur **papier du Japon.**

Sur le feuillet de garde, ces lignes autographes signées de Catulle Mendès :

> *Exemplaire*
> *de Madame*
> *Sarah Bernhardt*
> *Eternelle*
> *gratitude.*

178. **MENDÈS** (Catulle). Médée, tragédie en trois actes. *Paris, Fasquelle,* 1898, in-12, cartonn. vélin blanc à recouvr., dos orné et chiffre, têt. dor., non rogné, couverture (*Franz*).

> EDITION ORIGINALE.
> Sur la couverture, cet envoi autographe :
>
> *A Sarah Bernhardt*
> *le premier exemplaire*
> CATULLE MENDÈS.

179. **MENDÈS** (Catulle). Sainte Thérèse, drame. Edition conforme au texte original. *Paris, Fasquelle,* 1906, pet. in-8, cartonn. vélin blanc, fil., dos orné et chiffre, têt. dor., non rogné, double couverture (*Franz*).

> EDITION ORIGINALE.
> Ce drame, réduit pour la scène en cinq actes et huit tableaux, a été créé le 10 novembre 1906 sur le théâtre Sarah-Bernhardt, Mme Sarah Bernhardt incarnant *Sainte Thérèse.*
> Exemplaire sur **papier du Japon** imprimé pour Mme Sarah Bernhardt, l'auteur ayant déjà fait hommage de la pièce à sa grande *interprète* par la dédicace imprimée, lui a dédié cet exemplaire en recopiant à la main, les mots imprimés de la dédicace :
>
> *A*
> *Madame*
> *Sarah Bernhardt*
> *en témoignage d'admiration infinie*
> *et*
> *de profonde gratitude*
> CATULLE MENDÈS.

180. **MIRBEAU** (Octave). Les Mauvais bergers, pièce en cinq actes. *Paris, Fasquelle,* 1898, in-12, cartonn. à recouvr. vélin blanc, fil., dos orné et chiffre, têt. dor., non rogné, couverture (*Franz*).

> EDITION ORIGINALE ; la pièce dédiée à Mme Sarah Bernhardt a été représentée sur le théâtre de la Renaissance le 14 décembre 1897, Sarah Bernhardt créant le rôle de *Madeleine* et Guitry celui de *Jean Roule.*
> Un des **50** exemplaires imprimés sur **papier de Hollande**, offert par l'auteur avec cet hommage autographe sur le faux titre :
>
> *A Madame Sarah Bernhardt*
> *Quel cri trouver pour vous*
> *remercier, et pour admirer votre*
> *génie, comme il faudrait ?*
> OCTAVE MIRBEAU.

181. **MORAND** (Eugène). Les Cathédrales, poème dramatique créé par

Mme Sarah Bernhardt. *Paris, Librairie Théâtrale,* 1915, in-12, broché.

EDITION ORIGINALE.

Ce poème dramatique est dédié à Mme Sarah Bernhardt. Il a été représenté pour la première fois à Paris au Théâtre Sarah-Bernhardt le 6 novembre 1915, Sarah Bernhardt personnifiant la *Cathédrale de Strasbourg.*

Un des **25** exemplaires imprimés sur **papier de Hollande** (n° 1), portant l'hommage autographe suivant :

> *Exemplaire pour Madame Sarah Bernhardt*
> Ave, Sarah, Spes unica,
> O Spes unica, Lux, ave.
> EUGÈNE MORAND.

182. MORAND (Eugène). Les Cathédrales. *Illinois Théâtre, Thursday, May,* 23, 1918, plaquette in-8, brochée.

Souvenir de la matinée américaine donnée à Chicago au bénéfice d'une œuvre française « L'Union des arts », au cours de laquelle, Mme Sarah Bernhardt, entourée des artistes de son théâtre, interpréta la *Cathédrale de Strasbourg.*

La couverture est illustrée d'une vue de la cathédrale de Reims, prise en 1916 par par Antoine Monnier ; beau portrait de Mme Sarah Bernhardt placé en frontispice.

(10 exemplaires.)

183. MOREAU (Emile). Le Procès de Jeanne d'Arc, drame historique en quatre actes. *Paris, Ollendorff,* 1909, in-4, broché.

EDITION ORIGINALE, dédiée à Mme Sarah Bernhardt.

Pièce représentée pour la première fois sur le Théâtre Sarah-Bernhardt, le 25 novembre 1909, Sarah Bernhardt créant le rôle de *Jeanne d'Arc.*

Un des **3** exemplaires imprimés sur **papier du Japon.**

184. MUSSET (Alfred de). Lorenzaccio, drame mis à la scène, en cinq actes, par Armand D'Artois. *Paris, Ollendorff,* 1898, in-12, broché.

Première édition de cette adaptation.

Lorenzaccio a été représenté pour la première fois à Paris, sur le théâtre de la Renaissance, direction de Mme Sarah Bernhardt, le 3 décembre 1896 ; Sarah Bernhardt créant de Lorenzo de Médicis (*Lorenzaccio*).

Un des **20** exemplaires imprimés sur **papier de Hollande.**

Cette mise à la scène de l'œuvre de Musset est dédiée à Mme Sarah Bernhardt ; une pièce de vers liminaire a pour titre : *L'Ombre d'Alfred de Musset à Sarah Bernhardt* ; la couverture est illustrée d'un dessin de *Mucha* représentant la grande artiste dans le rôle.

185. MUSSET (Alfred de). Œuvres. *Paris, Lemerre,* 1884-1895, 10 vol. in-4, mar. blanc, dos ornés et mosaïqués de fleurs violettes, les

nerfs prolongés à froid sur les plats, dent. int., doubl. et garde de soie blanche brochée, doubles gardes, tr. dor. sur témoins, couvertures, renfermés dans 5 étuis.

Poésies, 2 vol. — Comédies et proverbes, 3 vol. — Confession d'un enfant du siècle. — Contes et nouvelles, 2 vol. — Mélanges et œuvres posthumes, 2 vol.
Papier de Hollande.

186. PARODI (D.-Alexandre). Rome vaincue, tragédie en cinq actes. *Paris, Dentu,* 1876, in-8, cartonn. demi-vélin blanc, dos orné et chiffre, tr. rouges, non rogné (*Franz*).

EDITION ORIGINALE.
Rome vaincue a été représentée pour la première fois à Paris, sur le Théâtre-Français le 27 septembre 1876, Sarah Bernhardt créant le rôle de *Posthumia*.
Le faux titre porte cette dédicace autographe :

A Sarah Bernhardt
au génie, à la gloire, à la
beauté, au dévoûment.
La reconnaissance
D. A. PARODI.

(Mme Sarah Bernhardt parle ainsi dans ses *Mémoires* de sa création du rôle de Posthumia : « Un mois après l'Exposition, il y avait lecture à la Comédie-Française pour la pièce de Parodi. Je refusai le rôle de la jeune vestale Opimia, qui m'était distribué, et réclamai énergiquement celui de la septuagénaire Posthumia, vieille Romaine aveugle, figure superbe et très noble... La pièce obtint un très gros succès de première. Et j'obtins, moi, un succès personnel immense, au quatrième acte. La foule décidément venait à moi, en dépit de tout et de tous. »)

187. PARODI (Alexandre). Théâtre. *Paris, Dentu,* 1893-1894, 2 vol. in-12, brochés.

PREMIÈRE ÉDITION COLLECTIVE.
Rome vaincue, une des pièces du recueil, obtint un beau succès en 1876, Sarah Bernhardt ayant créé le rôle de *Posthumia.*
Le premier volume porte cet envoi autographe de l'auteur :

A Posthumia
hommage et souvenir

et le second volume ce très bel envoi :

A Sarah Bernhardt,
au Génie
la volonté
ALEX. PARODI.

Les pièces étant imprimées dans ce recueil sans indication des interprètes, Mme Sarah Bernhardt a écrit de sa main en regard de chaque rôle de *Rome vaincue,* le nom des acteurs, y compris le sien.

188. PORTO-RICHE (G. de). Vanina, fantaisie vénitienne en deux parties et en vers. *Paris, Calmann Lévy*, 1879, gr. in-12, broché.

> Seconde édition publiée la même année que l'originale.
> Le faux titre porte cet envoi autographe :
>> *A Madame Sarah Bernhardt-Damala*
>> *J'offre cette fantaisie dont le*
>> *principal rôle fut écrit pour elle*
>> G. DE PORTO-RICHE.

189. QUERLON (Meunier de). Les Grâces. *Paris, Laurent Prault*, 1769, in-8, veau brun, marb., dos orné, tr. dor. (*Rel. anc.*).

> Titre gravé par *Moreau*, frontispice par *Boucher* et 5 figures de *Moreau*.
> L'aspect de ce livre est tout particulier ; les plats ont été revêtus d'une lourde orfèvrerie de fantaisie formant un décor en relief agrafé dans la reliure, composé de feuilles et de grandes fleurs de chardons, modelées en métal argenté, avec semis de gros cabochons d'améthyste sertis de métal, disposés entre les motifs, et de cabochons plus petits posés sur les feuilles et les fleurs, fermoir incrusté d'opales et de turquoises.
> Cette reliure a été établie pour figurer au théâtre, entre les mains de Mme Sarah Bernhardt, dans le rôle de *Gismonda* ; elle devient maintenant une relique de la grande artiste et un souvenir d'une de ses plus belles créations.

190. **RICHEPIN** (Jean). Nana-Sahib, drame en vers en sept tableaux. *Paris, M. Dreyfous, s. d.* (1883), in-8, mar. orange, fil., dos orné, dent. int., doubles gardes, tête dor., non rogné, couverture (*Pierson*).

> EDITION ORIGINALE ; la pièce est dédiée à Mme Sarah Bernhardt.
> *Nana-Sahib* a été représenté pour la première fois sur le théâtre de la Porte-Saint-Martin, le jeudi 20 décembre 1883, Sarah Bernhardt créant le rôle de *Djamma*.
> Voici ce qu'on lit sur le premier feuillet de l'exemplaire :
> (Mention suivante imprimée en rouge):
>> *Exemplaire unique*
>> *tiré spécialement*
>> *pour*
>> *Sarah Bernhardt*
>> *sur papier*
>> *de couleur marron d'Inde en bas âge.*
>
> (la mention suivante, autographe de l'auteur):
>> *Je suis désolé d'en faire l'aveu ;*
>> *mais, je le déclare ici, la vérité m'y pousse,*
>> *le trait d'esprit ci-dessus n'est pas de*
>> *moi. Il est de mon éditeur*
>> JEAN RICHEPIN.

191. **ROSTAND** (Edmond). L'Aiglon, drame en six actes, en vers, représenté pour la première fois au Théâtre Sarah-Bernhardt, le 15 mars 1900. *Paris, Fasquelle, 1900*, in-12, mar. blanc, sujet mosaïqué à froid dans l'angle du premier plat : l'aiglon enserrant un rameau fleuri et se détachant en camaïeu sur un soleil irradié, dos orné d'une vignette dor. ; à l'int. bordure mosaïquée d'une bande de mar. vieux rose, fil. dor. et masques tragiques dans les angles, doublé et gardes de soie changeante, doubles gardes, tr. dor. sur témoins, couverture, étui (*Ch. Meunier*).

> EDITION ORIGINALE ; portrait de Sarah Bernhardt par Louise Abbéma, placé en frontispice.
> PRÉCIEUX EXEMPLAIRE sur **papier du Japon** imprimé pour Mme Sarah Bernhardt, dédié à la Créatrice par ce quatrain autographe de l'auteur sur le feuillet de garde :
>
> *L'Aiglon n'est plus qu'un livre, et le voici, Madame,*
> *N'ouvrant que des feuillets et regrettant ses ailes...*
> *Les ailes qu'il avait quand vous lui prêtiez celles*
> *Qui vous pendent, Sarah, des deux côtés de l'âme !*
> EDMOND ROSTAND.

192. **ROSTAND** (Edmond). L'Aiglon, a play in six acts, translated by Louis N. Parker. *New York, Russell, 1900*, pet. in-8, rel. souple veau bleu de France, le premier plat couvert d'un semis d'abeilles, et d'attributs napoléoniens, dos orné, tête dor., non rogné (*Rel. de l'éditeur*).

> Première traduction en anglais de la pièce d'Edmond Rostand, portée au théâtre à New-York en octobre 1900.
> Exemplaire offert à Mme Sarah Bernhardt par Miss Maude Adams, interprète du rôle de *l'Aiglon* à New-York.
> Le portrait de Miss Adams, et celui du duc de Reichstadt d'après Lawrence ornent cette édition.

193. **SARDOU** (Victorien). La Sorcière, drame en cinq actes. *Paris, Calmann-Lévy, s. d. (1904)*, in-8, mar. orange, fil., fleurons aux angles, dos orné, dent. int., doublé et gardes de moire bleue, doubles gardes, tête dor., ébarbé, couverture (*Pouillet*).

> EDITION ORIGINALE.
> Un des 50 exemplaires tirés sur **papier de Hollande**, de format in-8.
> Le faux titre porte cet envoi autographe :
>
> *A ma grande et chère Sarah*
> VICTORIEN SARDOU.
> *La Sorcière* a été représentée pour la première fois au Théâtre Sarah-Bernhardt le 15 décembre 1903, Mme Sarah Bernhardt créant le rôle de *Zoraya*.

194. SCRIBE (Eugène). OEuvres complètes. (Première série. Comédies. Drames.) *Paris, Dentu*, 1874-1875, 9 vol. in-12, portrait tiré sur Chine, et fac-similé, demi-rel. chag. rouge, têt. dor., ébarbés (*Rel. de l'époque*).

> Première série complète.
> Exemplaire offert par Mme Scribe avec l'envoi autographe suivant :
>> *A Madame Sarah Bernhardt*
>> *en souvenir de la représentation de* Valérie.
>> *salle Erard, matinée du 13 février 1879.*
>>> Vve EUGÈNE SCRIBE.
>
> (*Valérie*, comédie en trois actes, avait été créée en 1822 sur le Théâtre-Français. Sarah Bernhardt, en jouant *Valérie*, reprenait un rôle de Mlle Mars.)
> Les dos de la reliure sont ornés alternativement de petites vignettes et de deux chiffres ; celui d'Eugène Scribe dont les lettres sont enlacées d'une cordelière, et au bas, celui de Mme Sarah Bernhardt.

195. SHAKESPEARE. Hamlet, drame en vers, en cinq actes et onze tableaux, d'après William Shakespeare, par MM. Lucien Cressonnois et Charles Samson. *Paris, Ollendorff*, 1886, in-12, broché.

> EDITION ORIGINALE ; ce drame en vers a été représenté pour la première fois sur le théâtre de la Porte-Saint-Martin le 27 février 1886, Mme Sarah Bernhardt interprétant le rôle d'*Hamlet*.
> La pièce est dédiée à Mme Sarah Bernhardt « en témoignage d'une éternelle reconnaissance » ; la dédicace imprimée est complétée par ces lignes autographes :
>> *Et puis toutes nos affections,*
>> *toutes nos tendresses, tous nos*
>> *dévouements !!!*
>>> LUCIEN CRESSONNOIS
>>> CHARLES SAMSON.
>
> (Quelques corrections manuscrites des auteurs au cours du volume.)
> On y a joint : Hamlet, prince of Denmark, in-16, cartonn. toile verte, recouvert de soie blanche (envoi autogr. *To Madame Sarah Bernhardt, from Lily Scorer*. 1899). — Hamlet y el cuerpo de Sarah Bernhardt dibujos de Ricardo Marin, palabras de G. Martinez Sierra. *Madrid, Williams*, 1905, in-8, broché (préface adressée à Sarah Bernhardt. Nombreuses vignettes de R. Marin).

196. SHAKESPEARE. La Tragique histoire d'Hamlet prince de Danemark, traduction par Eugène Morand et Marcel Schwob. *Paris, Fasquelle*, 1900, in-12, mar. rouge jans., chiffre au dos ; à l'int., bord de mar. ornée de vignettes et motifs dor., doubles gardes, têt. dor., non rogné, couverture (*Franz*).

> EDITION ORIGINALE de cette adaptation, représentée pour la première fois

au théâtre Sarah-Bernhardt, en mai 1899, Sarah Bernhardt jouant le rôle d'*Hamlet*.

Exemplaire sur **papier du Japon**, spécialement tiré pour Mme Sarah Bernhardt, portant sur le feuillet de garde, l'hommage autographe signé de MM. Marcel Schwob et Morand :

à la seule interprète
du rôle d'**Hamlet**.

197. SHAKESPEARE. La Tragique histoire d'Hamlet prince de Danemark. Traduction par Eugène Morand et Marcel Schwob. *Paris, Fasquelle,* 1900, in-12, broché.

> Édition originale.
>
> La liste des personnages a été entièrement annotée au crayon par Mme Sarah Bernhardt en vue d'établir un service de « doublure » de tous les rôles ; il n'y a point toutefois, de doublure indiquée pour le rôle d'*Hamlet*.

198. **SILVESTRE** (Armand) et **MORAND** (Eugène). Izeyl, drame en quatre actes, en vers. Musique de Gabriel Pierné. Manuscrit autographe des auteurs, 1894, in-4, mar. orange, les plats couverts d'un semis de rosaces orientales et de monogrammes S. B. alternés, dans un encadr. de fil. droits et au pointillé renfermant de grands fleurons dans les angles, dos orné des mêmes motifs ; à l'int., encadr. de mar., fil. et fleurons d'angles, doublé et gardes d'une riche étoffe brochée de dessins orientaux de couleur orange sur fond dor., doubles gardes, têt. dor., non rogné, couverture, étui (*Franz*).

> Très beau manuscrit autographe en 128 pages sur papier du Japon. Le premier et le quatrième actes sont de la main d'Armand Silvestre, le second et le troisième, de celle d'Eugène Morand ; à la suite, **partition musicale autographe** par Gabriel Pierné, comprenant : *Aubade à Izeyl, Entrée des Princesses, Stances d'Yzeyl* et *Nirvana*. La couverture, qui porte en noir et rouge le titre ci-dessus, a été imprimée spécialement.
>
> Le manuscrit est précédé d'*un sonnet autographe inédit* d'Armand Silvestre, célébrant l'incarnation d'*Izeyl* par Mme Sarah Bernhardt.
>
> Le drame d'*Izeyl* a été représenté pour la première fois le 31 octobre 1894, sur le théâtre de la Renaissance, direction de Mme Sarah Bernhardt.

199. SILVESTRE (Armand) et MORAND (Eugène). Izeyl, drame indien en quatre actes. Musique de scène de Gabriel Pierné. Partition piano et chant. *Paris, A. Durand et fils, s. d.,* gr. in-8, cartonn. vélin blanc ; le premier plat porte le nom d'*Izeyl*, et le dos, les initiales S. B., en lettres dor., non rogné (*Couvert.*).

> La partition est dédiée par Gabriel Pierné à Georges Clairin, elle est illustrée d'un frontispice de cet artiste, reproduit en or et couleurs.
>
> **Un grand dessin original de Georges Clairin** fait face au frontispice ; ce

dessin, exécuté aux crayons de couleur, relevé de gouache et de quelques
touches d'or représente Sarah Bernhardt, idéalisée sous les voiles d'*Izeyl* ;
il porte cet envoi autographe :

> *à Sarah Bernhardt*
> *Son ami G. Clairin*
> LE DÉDICACÉ, 1896.

200. SUBERVILLE (Jean). L'Evocation, à propos en vers, 25 pages,
en feuilles.

> Cet à-propos réunit tous les personnages de l'œuvre dramatique d'Ed-
mond Rostand.
> Manuscrit dactylographié, offert à Mme Sarah Bernhardt « avec le res-
pectueux hommage autographe de l'auteur ».

201. SULLY PRUDHOMME. La Nymphe des bois de Versailles. Poésie
dite par Mme Sarah Bernhardt, à Versailles, en présence de l'Empereur
et de l'Impératrice de Russie. *Paris, Lemerre,* 1896, plaquette in-4 de
4 pages, mar. blanc crème, 3 fil. dor., dos long portant au bas :
Ex. de S. B., dent. int., doubles gardes, têt. dor., non rogné, couverture (*Pierson*).

> EDITION ORIGINALE.
> Exemplaire imprimé sur grand **papier de Hollande**, offert par l'auteur
avec ces lignes autographes sur le faux titre :
> > *A Madame Sarah Bernhardt*
> > *Hommage d'admiration.*

202. THEURIET (André). Jean-Marie, drame en un acte, en vers.
Paris, Lemerre, 1871, in-12, dos et coins mar. bleu vert, dos avec
chiffre, têt. dor., non rogné (*Gruel*).

> Exemplaire de l'EDITION ORIGINALE, offert par ces lignes autographes :
> > *à Mademoiselle Sarah Bernhardt,*
> > *à la merveilleuse et grande artiste*
> > *à qui le personnage de* THÉRÈSE *doit sa*
> > *grâce pénétrante, sa poésie, sa pure*
> > *et touchante beauté ;*
> > > *Et à qui l'auteur doit tout son*
> > *succès*
> > > *hommage d'admiration*
> > > *et de reconnaissance*
> > > ANDRÉ THEURIET.
>
> (La Commune venait de prendre fin, les théâtres rouvraient leurs portes,
on montait quelques pièces nouvelles.)
> « Une surtout eut un retentissant succès. Ce fut *Jean-Marie,* d'André
Theuriet, en octobre 1871. Cette pièce en un acte est un réel petit chef-

d'œuvre, et elle conduisit tout droit son auteur à l'Académie. Porel, qui jouait *Jean-Marie*, eut un gros succès..., mon rôle de jeune bretonne était joli, poétique et attendrissant... ; la pièce... eut, je le répète, un immense succès et augmenta ma réputation naissante. »

(*Mémoires* de Mme Sarah Bernhardt, p. 295-296.)

203. **TOUROUDE** (Alfred). Le Batard, drame en quatre actes. *Paris, Michel Lévy frères*, 1869, in-12, dos et coins chag. La Vall., chiffre au dos, tr. marb. (*Rel. de l'époque*).

EDITION ORIGINALE.

Ce drame a été représenté pour la première fois à Paris, sur le théâtre de l'Odéon, le 18 septembre 1869, Sarah Bernhardt créant le rôle de *Jeanne*, héroïne de la pièce.

Le feuillet de garde porte cet envoi autographe :

A Mlle *Sarah Bernhardt*
en la priant de vouloir bien
me croire son obligé
Son ami
A. TOUROUDE.

Mme Sarah Bernhardt rappelle au cours de ses *Mémoires* qu'elle obtint un grand succès dans ce drame ; l'auteur dans la dédicace imprimée adressée à Francisque Berton remercie ses interprètes et en particulier Sarah Bernhardt « adorablement touchante ».

204. **ZAMACOÏS** (Miguel). Bohémos, comédie en un acte, en vers. *Paris, Fasquelle*, 1904, in-12, cartonn. demi-vélin blanc, têt. dor., non rogné, couverture (*Franz*).

EDITION ORIGINALE ; cette comédie a été représentée au Théâtre Sarah-Bernhardt, en janvier 1904, Mme Sarah Bernhardt jouant le rôle de *Bohémos*.

(La pièce est dédicacée par le poète tout à la fois à sa mère « qui voulut que « Bohémos » fût écrit », et à Mme Sarah Bernhardt « qui voulut qu'il fût joué ».)

Sur le faux titre, *envoi autographe* de cinq lignes, complété par un second envoi sur une carte-lettre que l'auteur, empêché de se rendre auprès de Mme Sarah Bernhardt, lui fit porter avec cet exemplaire. « Je prends la liberté de vous l'envoyer, afin que personne ne l'ait avant vous. »

205. **ZAMACOÏS** (Miguel). Les Bouffons, pièce en quatre actes, en vers. *Paris, Librairie Théâtrale*, 1907, pet. in-8, cartonn. vélin blanc, 3 fil. dor., dos orné et chiffre, têt. dor., non rogné, couverture (*Franz*).

EDITION ORIGINALE ; la pièce est dédiée à Mme Sarah Bernhardt.

Un des 3 exemplaires imprimés sur **papier du Japon**.

Les Bouffons ont été représentés pour la première fois au Théâtre Sarah-

Bernhardt, le 5 janvier 1907, Mme Sarah Bernhardt créant le rôle de *Jacasse*.

L'auteur a offert cet exemplaire à sa grande interprète par cet envoi autographe sur le faux titre :

A Madame Sarah Bernhardt
à l'admirable artiste qui réalisa mon rêve,
en témoignage d'affectueuse reconnaissance
MIGUEL ZAMACOÏS.
1er mars 1907.

e. — **Ouvrages consultés par Mme Sarah Bernhardt pour l'étude de ses rôles. — Albums offerts à la grande actrice dans ses voyages, notices biographiques, etc., etc.**

206. DEYDIER DE PUECH MÉJEAN. L'Aiglon, élégie héroïque. (A la fin :) *Garet, imprimeur à Mézières*, 1833, plaquette in-8 de 10 pages, sous une couverture en papier brun marb.

> EDITION ORIGINALE de cette plaquette, ancêtre peu connue de l'*Aiglon* de Rostand. Cette pièce de vers, œuvre d'un soldat blessé au siège d'Anvers (1832) est recommandée à la bienveillance de Louis-Philippe par une curieuse préface de l'auteur.

207. DIEHL (Charles). Justinien et la civilisation byzantine au VIe siècle. *Paris, Leroux*, 1901, gr. in-8, cartonn. dos et coins vélin blanc, fil., dos orné portant les initiales S. B., têt. dor., ébarbé, couverture (*Pierson*).

> PREMIÈRE ÉDITION ornée d'un frontispice en héliogravure et de nombreuses illustrations hors texte et dans le texte.
>
> Exemplaire offert à Mme Sarah Bernhardt, lettre datée de Lutèce, signée de Caribert, adressée à Théodora.
>
> Un passage de cette étude a été souligné, il est relatif à l'exactitude historique de la *Theodora* de Sardou. On sait que le rôle de *Theodora* a été l'une des plus magnifiques créations de Mme Sarah Bernhardt.

208. LARROUMET (Gustave). Adrienne Lecouvreur d'après sa correspondance. *Paris, Typographie Chamerot et Renouard*, 1892, gr. in-8, cartonn. demi-vélin blanc, dos orné et chiffre, têt. dor., non rogné, couverture (*Franz*).

> EDITION ORIGINALE de cette étude, tirée à 150 exemplaires non mis dans le commerce.
>
> *Hommage autographe* de l'auteur à Mme Sarah Bernhardt.

209. **MERY** et **BARTHÉLEMY**. Le Fils de l'Homme ou Souvenirs de Vienne. *Bruxelles, Tarlier,* 1829, in-8, broché.

> Édition originale.
>
> Ce poème est orné d'un portrait en pied du duc de Reichstadt, gravé par *Green*.
>
> Un des ouvrages consultés par Mme Sarah Bernhardt pour la création de *L'Aiglon*.

210. **MONTBEL** (M. de). Le Duc de Reichstadt. *Paris, Le Normant,* 1832, in-8, broché.

> Édition originale.
>
> M. de Montbel se retira en Autriche après la revolution de juillet ; il approcha le duc de Reichstadt, et recueillit de la bouche du général Hartmann le récit de sa fin ; son livre est donc un rapport authentique et le fervent royaliste n'y dissimule pas sa profonde sympathie pour le fils de l'Empereur.
>
> Mme Sarah Bernhardt a préparé par cette lecture sa grande création de *L'Aiglon* et s'est inspirée pour la reconstitution du costume et de l'attitude du portrait placé en tête du volume.

211. **PELLET** (Marcellin). Étude historique et biographique sur Théroigne de Méricourt. Avec deux portraits et un fac-similé d'autographe. *Paris, Quantin,* 1886, in-16, broché.

> Édition originale imprimée sur papier vergé, ornée d'un portrait.
>
> Cette excellente biographie a été consultée par Mme Sarah Bernhardt pour sa création du rôle de *Théroigne* dans la pièce de Paul Hervieu ; des notes manuscrites ont été prises en marge de l'exemplaire, relatives au costume que portait la belle Liégeoise durant les journées d'octobre, et le 10 août, à l'attaque des Tuileries
>
> On y a joint : Bourgeois (Armand). Théroigne de Méricourt et le marquis de Saint-Huruge. Paris, 1903, in-16, pap. de Holl. — Reiset (Vicomte de). La vraie Théroigne de Méricourt. *Parie, « le Carnet »,* 1903, broch., in-8.

212. **SAINT-CHERON** (René de). La Vierge d'Avila. *Paris, Émile Paul,* 1903, in-16, broché.

> Édition originale de cette étude sur l'œuvre et sur la vie de sainte Thérèse, écrite au cours d'un voyage à Avila.
>
> Un des 200 exemplaires imprimés sur papier d'Arches offert avec cet envoi autographe de l'auteur :
>
> > *A Madame Sarah Bernhardt*
> > *un de ses plus respectueux,*
> > *de ses plus sincères*
> > *et de ses plus ardents admirateurs,*
> > *cette* première « Vierge
> > d'Avila de 1903 »,

213. STROBL-RAVELSBERG (Ferdinand de). Les Confessions de Théroigne de Méricourt, la Belle Liégeoise. Extrait du procès-verbal de son arrestation au pays de Liège, qui fut dressé à Koufstein (Tyrol) en 1791. *Paris, Westhausser,* 1892, in-12, cartonn. satinette bleu clair, têt. dor.

> Exemplaire de l'ÉDITION ORIGINALE en tête duquel on a relié une copie de plusieurs pages de M. Léopold Lacour, relatives à Théroigne de Méricourt, extraites de son ouvrage : *Trois Femmes de la Révolution* (Plon-Nourrit, 1900). M. L. Lacour attire l'attention des érudits sur l'ouvrage de M. Strobl-Ravelsberg dont tous les éléments sont puisés dans des documents officiels jusque-là peu connus
>
> En 1902, Mme Sarah Bernhardt incarnait la *Théroigne de Méricourt* portée au théâtre par Paul Hervieu ; cet ouvrage a documenté la créatrice sur la composition psychologique de son rôle.

214. THÉRÈSE (Sainte). Les OEuvres de Sainte Thérèse, divisées en deux parties. De la traduction de Monsieur Arnauld d'Andilly. *Paris, P. Le Petit,* 1670, 2 part. en 1 vol. in-fol., frontisp. par P. Mignard, mar. rouge, fil., dos orné, tr. dor. (*Rel. anc.*).

> Belle édition, la première de cette traduction des OEuvres de Sainte Thérèse. Les papes Grégoire XV et Urbain VIII saluèrent en elle un *docteur de l'Église* et Bossuet qualifiait sa doctrine de doctrine céleste.
>
> (Aux armes de LE MAIRAT, conseiller au Parlement de Paris.)
>
> La présence de cet ouvrage dans la bibliothèque de Mme Sarah Bernhardt rappelle aussitôt sa création magnifique de la *sainte Thérèse d'Avila* par Catulle Mendès ; on peut penser que la grande artiste y a lu le récit qu'y fait de sa vie la mystique espagnole, et qu'elle a puisé là les éléments de la composition psychique de son rôle.
>
> BEL EXEMPLAIRE, à grandes marges.

215. YRIARTE (Charles). Un Condottiere au xve siècle. Rimini. Études sur les lettres et les arts à la Cour des Malatesta d'après les papiers d'Etat des archives d'Italie. Avec 200 dessins d'après les monuments du temps. *Paris, J. Rothschild,* 1882, gr. in-8, broché.

> PREMIÈRE ÉDITION.
>
> Lettre autographe d'envoi adressée à Francesca da Rimini (Mme Sarah Bernhardt) jointe au volume.

---

216. A MADAME SARAH BERNHARDT. Anvers, 1914, in-4, cuir de Russie La Vall., encadr. de fil. et d'un semis de fleurs de lis ; le premier plat portant au centre le titre ci-dessus, et dans le haut, les armes de la Ville d'Anvers mosaïquées en rouge au milieu d'une com-

position de feuillages fleuris des roses symboliques, blanches et rouges ;
à l'int., encadr. de mar. orné de fleurs de lis, roses mosaïquées dans
les angles, doublé et gardes de soie changeante, non rogné.

Livre d'or, offert à Mme Sarah Bernhardt le samedi 23 mai 1914, au
cours de la matinée de gala organisée en son honneur par le comité de
l'exposition de « La Femme contemporaine ». Cette exposition tint ses
assises à Anvers en mai-juin 1914.

La première page est ornée dans le haut d'un dessin original au crayon,
finement exécuté, représentant le port d'Anvers, avec vue de la flèche de
la cathédrale, et statue de Van Dyck au premier plan. Au centre, une rose
sur sa tige, dessinée au lavis de sépia, sur bristol, est rapportée.

Ce livre contient les copies manuscrites du discours prononcé par
M. Jean de Vos, bourgmestre de la ville, et par la Présidente des Dames
de la Croix-Rouge ; à la suite, hommage en vers dû à Mlle Gevers, et
signature des autorités de la ville et des personnalités organisatrices des
diverses sections de l'Exposition ; parmi ces signatures figure le nom
d'Yvonne Sarcey (Mme Adolphe Brisson) qui représentait à Anvers les
Lettres françaises. .

A la fin, nomenclature avec les dates des représentations données par
Mme Sarah Bernhardt au théâtre des Variétés et au théâtre Royal de la
ville d'Anvers, de 1879 à 1914.

On a ajouté au volume le programme de la matinée, illustré du portrait
de Sarah, divers documents et les comptes rendus de la presse anversoise.

(Au cours de cette journée, Mme Sarah Bernhardt prononça une confé-
rence sur la poésie et sur le théâtre avec audition de passages de *la Samaritaine* et de *la Fille sauvage*.)

La reliure de ce livre est l'œuvre de Mlle B. Van Regemorter, les roses
blanches et rouges qui la décorent symbolisent la ville d'Anvers. La rose
dessinée sur la première page est l'emblème de la rose d'or offerte à
Mme Sarah Bernhardt (ce présent n'avait été jusque-là offert qu'aux seuls
délégués des gouvernements).

217. HOMENAJE DE ADMIRACION y respeto que la direccion del
Majestic Hotel Inglaterra dedica a la ilustre artista Sarah Bernhardt.
Barcelona, 25 mayo de 1921, in-4, broché, recouvert en satin moiré
blanc, sous une reliure mobile en veau fauve, ornée de fil., portant
au centre le nom de Sarah Bernhardt en lettres dor., emboîtage de
papier cuir blanc et or, gainé de velours blanc.

Livre d'or offert à Mme Sarah Bernhardt en souvenir de son séjour au
Majestic Hôtel de Barcelone par les hôtes de passage à cet hôtel au même
moment, par la direction et par le personnel. Plus de cinq cents signatures
couvrent les pages, le titre est calligraphié en or et couleurs dans un
large encadrement peint à l'aquarelle, renfermant au centre les armes de
Barcelone.

217 *bis*. LIVRE D'OR offert à Madame Sarah Bernhardt par les artistes dramatiques anglaises à l'occasion de sa nomination au grade d'officier dans l'Ordre de la Légion d'Honneur. 1921, plaquette in-4, papier vélin fort, couverture soie verte, sous une reliure mobile vélin blanc, 3 fil. dor., le premier plat orné au centre d'un médaillon de feuillages laurés verts à baies rouges renfermant les initiales S. B.; à l'int., encadr. de vélin orné de fil. et motifs d'angles, doublé de soie verte (*Zaehnsdorf*).

La première page est ornée d'un joli frontispice formé de nœuds Louis XV, de torsades et médaillons de feuilles de chêne et feuilles de laurier, avec la date du 6 avril 1921 au centre; la page suivante est décorée de chutes de feuillages, porte l'adresse calligraphiée des artistes anglaises, félicitant Mme Sarah Bernhardt, alors de passage à Londres, de sa nomination, au début de l'année, comme officier dans l'Ordre de la Légion d'Honneur.

A la suite, 67 signatures dont celles d'*Ellen Terry, Maud Free, Mary Grey, Gladys Cooper, Marion Terry*, etc.

218. **NATIONAL TRIBUTE** to Mme Sarah Bernhardt. — 3 vol. pet. in-fol., ais de bois, dos de mar. olive, fermoirs de cuir tressé et d'acier.

Précieux tribut d'admiration offert à Mme Sarah Bernhardt, le 23 octobre 1913, par ses admirateurs anglais.

Il débute par une dédicace de quatre pages écrite en caractères gothiques sur deux feuillets de vélin entourés de bordures de fleurs, d'animaux, armoiries et personnages, peintes en couleurs et en or par George E. Kruger à l'imitation des bordures ornant les anciens livres d'heures.

Les feuillets composant ces trois volumes renferment **34 dessins** au crayon, à la plume ou à l'aquarelle, 6 portées de musique notée (dont une de Leoncavallo), 6 pièces de vers et **plusieurs milliers de signatures autographes** parmi lesquelles se trouvent les noms des membres de l'ambassade de France à Londres, de l'Académie royale de musique, de l'Association des acteurs, du Conservatoire de musique, des directeurs et acteurs des théâtres des principales villes d'Angleterre, notabilités littéraires ou mondaines, membres de divers clubs, etc., etc.

219. **TO MADAME SARAH BERNHARDT. Welcome to Australia.** 26 mai 1891, gr. in-4, mar. rouge, encadr. d'un fil. dor. et d'une grecque à froid, le premier plat orné au centre d'un écusson de mar. bleu portant le titre ci-dessus, décor de fil. et dent., dent. int. (*Rel. exécutée à Sydney*).

Cette reliure en forme de buvard renferme deux tableaux encastrés dans les plats intérieurs, ornés d'un encadrement avec le chiffre S. B. dans un angle, et portant, le premier, l'adresse de bienvenue à Mme Sarah Bernhardt (le tout peint en couleurs et or) et le second, les signatures des membres du Comité organisateur, ces signatures se continuent sur un troisième tableau rabattu par une charnière en ruban.

220. ART (L'), revue hebdomadaire illustrée. Cinquième année, 1879, tomes I et II. Dixième année, tome II. 1884. *Paris, Ballue, Rouam,* 1879-1884, 3 vol. in-4, demi-rel. mar. bleu clair, dos ornés, tr. jasp.

> Belle publication dirigée par Eugène Véron et Ch. Tardieu, et par Léon Gaucherel pour la partie artistique.
>
> Nombreuses illustrations à pleine page et dans le texte, et planches hors texte gravées à l'eau-forte.
>
> Le tome II de 1879 renferme une étude d'Arthur Heulhard, consacrée à Mme Sarah Bernhardt, illustrée par *Géry-Bichard, L. Dupont* et *Habert-Dys*, des portraits de l'artiste dans *Le Passant, Ruy Blas, Hernani* et *la Dame aux Camélias*.
>
> Le dernier tome contient un grand portrait de Mme Sarah Bernhardt gravé à l'eau-forte par *Monziès* d'après le tableau de *Clairin*.
>
> Initiales S. B. frappées au dos des reliures.

221. BRISSON (Adolphe). Portraits intimes. *Paris, Armand Colin et Cie*, 1894, in-12, demi-rel. mar. rouge clair, chiffre S. B. au dos, têt. dor., ébarbé (*Franz*).

> EDITION ORIGINALE; un chapitre du volume est consacré à Sarah Bernhardt sous ce titre : *La Journée d'une tragédienne*.
>
> *Hommage autographe* de l'auteur à Mme Sarah Bernhardt.

222. CONTEMPORAINS (Les) célèbres. Première série. *Paris, Publications Oct. Beauchamp, Impr. G. de Malherbe*, 1904, in-4, cartonn. bradel dos de toile verte, plats de bois naturel décoré en couleur, tête dor., non rogné.

> Album orné de 28 portraits en phototypie, dont celui de Mme Sarah Bernhardt, 14 portraits-charges en couleur par *Capiello* et de fac-similés d'autographes. — Collection Lefèvre-Utile.
>
> Exemplaire imprimé pour Mme Sarah Bernhardt.

223. HOLLINGSHEAD (John). Gaiety Chronicles. *Westminster, Constable & C°*, 1898, in-8, nombr. portr., cartonn. toile rouge, fers spéciaux, tête dor., non rogné (*Cartonn. des éditeurs*).

> Histoire du Théâtre de la Gaîté de Londres, de 1868 à 1886. Plusieurs passages sont consacrés à Mme Sarah Bernhardt et son portrait figure en regard de la p. 368.
>
> *Envoi autographe* de l'auteur.

224. HOMMAGE DES POÈTES à Sarah Bernhardt à l'occasion de sa nomination dans l'Ordre de la Légion d'honneur, sous la haute présidence de M. René Viviani, ministre de l'Instruction Publique et des Beaux-Arts. Le 27 Février 1914, en l'Hôtel des « Annales », in-16.

> Livre de souvenir de cette belle journée au cours de laquelle Mme Sarah

Bernhardt reçut l'hommage des poètes : Edmond Rostand, F. Gregh, Ed. Haraucourt, H. Cain, Aug. Dorchain, J. Bois, Em. Moreau, M. Zamacoïs, J. Aicard, L. Payen, etc., dits par Mounet-Sully, P. Mounet, Alb. Lambert, De Max, Mmes Segond-Weber, Mad. Roch, etc.

Nombreuses illustrations photographiques représentant Mme Sarah Bernhardt dans tous ses grands rôles ; portraits des poètes, aspect de la salle, etc.

On y a joint une relation anglaise, avec illustrations différentes, de cette même cérémonie. In-16.

Plus l'album suivant : Sarah Bernhardt, artist and woman. By A. L. Renner, with numerous autograph pages, especially writters by Sarah Bernhardt, with sixty illustrations, fac-similes and complete Scenery of « Izeyl ». *Blank. New-York*, 1896, pet. in-4 (2 exempl.).

Ens. 4 vol. in-4 et in-16, brochés.

225. **JOURNÉE SARAH BERNHARDT.** 9 Décembre 1896. (A la fin :) *Imprimé par Chamerot et Renouard,* in-4, papier vélin glacé, couverture en papier cuir doré, ornée d'une figure modelée d'après Alexandre Charpentier.

Livre d'or renfermant les sonnets composés et dits par les poètes Fr. Coppée, Heredia, Haraucourt, Mendès, Ed. Rostand et A. Theuriet en l'honneur de Mme Sarah Bernhardt ; à la suite, Hymne d'Armand Silvestre avec musique de Gabriel Pierné, et liste des personnalités présentes à la cérémonie.

Illustrations hors texte de *Louise Abbéma, Chéret, Clairin. La Gandara, Lalique, Mucha, Rochegrosse,* etc.

(10 exemplaires dont un sans la couverture.)

226. **LEMAITRE** (Jules). Les Contemporains, études et portraits littéraires. Deuxième série. *Paris, Lecène et Oudin,* 1886, in-12, demi-rel. mar. violet foncé, dos orné et chiffre, non rogné.

Edition originale.
Un des 25 exemplaires imprimés sur **papier de Hollande.**
Sur le faux titre, cet envoi autographe :

A Sarah Bernhardt,
à la très grande, à la très bonne,
à l'unique,
avec mes respectueuses tendresses
Jules Lemaitre.

Les pages 203 à 211 sont consacrées à Mme Sarah Bernhardt dans ses rôles de *Théodora* et de *Fédora.*

227. **LOLIÉE** (Frédéric). La Comédie-Française, histoire de la maison de Molière, de 1658 à 1907. Préface de Paul Hervieu. *Paris, Laveur,* 1907, gr. in-8, broché.

34 planches : eaux-fortes et héliogravures et 200 figures sur bois.

228. LORRAIN (Jean). Poussières de Paris. *Paris, Fayard frères, s. d.*
(1898), in-12, cartonn. demi-vélin blanc, dos orné et chiffre, têt.
rouge, non rogné (*Couvert.*).

EDITION ORIGINALE de ce recueil de très intéressants souvenirs sur la
société parisienne des dernières années du siècle ; 3oo personnalités de la
haute société, de la littérature et du *théâtre* y sont citées ; de nombreux
passages sont relatifs à Mme Sarah Bernhardt.
Le faux titre est couvert par cet envoi autographe :

à Madame Sarah
Bernhardt
ces (Poussières de Paris)
essaimées à sa gloire,
ces poussières pleines
d'Elle
de son ami
JEAN LORRAIN.

229. MONTESQUIOU (Cte Robert de). A Sarah Bernhardt (pour sa fête
en 97), pet. in-16, mar. blanc, tiges de violettes mosaïquées à froid
sur le côté droit du premier plat, fac-simile en lettres dor. de la signature *Robert de Montesquiou,* frappé en diagonale sur ce même plat ; le
dos porte : en haut les initiales R. M. F., en bas, *Pour sa fête,* et
entre les deux, une violette mosaïquée, doublé et gardes de moire
crème, doubles gardes, tr. dor., couverture papier fantaisie, étui
(*Ch. Meunier*).

Poème manuscrit inédit de Robert de Montesquiou, composé de vingt-
quatre vers alexandrins. Le poète, dans ces vers d'une pure sonorité, d'une
inspiration profonde et fervente, prend les plus belles fleurs, et tour à tour
y retrouve l'emblème du beau visage de Sarah et de ses gestes parfaits.

Une rose a fleuri les lèvres de l'Idole

. . . .

Des bluets ont bleui dans les yeux de la Reine

. . . .

Des lis ont embaumé les gestes de la Sainte

. . . .

Puis, réunissant les éléments de ce bouquet, il le dépose aux pieds de
sa Grande Amie.

Cueillez les lis et les bluets, les tendres roses
Et la vive amaranthe, azur, perle et carmins
Et vous aurez dans leurs soupirs et dans leurs poses
Son sourire et ses yeux, son amour et ses mains.

(Ces vers occupent les six premières pages du carnet, soit le titre et 5
pages portant chacune quatre vers ; ils sont écrits au crayon d'un trait
appuyé qui ne risque pas de s'effacer ; ce n'est point ici une mise au net,
le poète a choisi entre les mots, et en a raturé un certain nombre.)

23o. MONTESQUIOU (Cte Robert de). Autels privilégiés. *Paris, Fas-*

quelle, 1898, in-12, cartonn. vélin blanc, fil., dos orné et chiffre, têt. dor., non rogné (*Franz*).

> EDITION ORIGINALE.
> Sur le faux titre, envoi autographe :
>> A Sarah,
>> *Déesse de rêve de ces Autels*
>> *avec privilège de mon cœur*
>> ROBERT DE M.
>
> (Un autel, parmi les *Autels privilégiés*, est élevé à Mme Sarah Bernhardt, chap. XVII, p. 293-306, sous ce titre : *Les Noces d'argent de la Voix d'Or*.)

231. NICHOLSON (William). Douze Portraits. *Paris, Floury, s. d.*, gr. in-4, dans un carton, dos et coins de toile verte, fers spéciaux, attaches.

> Suite de 12 portraits gravés sur bois en couleurs tirée à 100 exemplaires.
> Le septième portrait est celui de Mme Sarah Bernhardt en toilette de ville.

232. SARAH BERNHARDT (Notices relatives à Mme). — 5 vol. in-12 et in-8, dont 4 brochés et 1 rel. demi-mar. rouge, portant au dos les initiales S. B.

> CAILLARD (C. Francis). Une Rencontre à la Comédie-Française. *Revue du temps présent, 2 juin* 1909 (Bel article consacré à la rentrée, pour un jour, de Mme Sarah Bernhardt à la Comédie-Française, le 5 mai 1909, dans la *Nuit de mai*, interprétée avec Mme Bartet). — MARTIN (J.). Nos Artistes. Annuaire des théâtres et concerts, 1901-1902. Portraits et biographies suivies d'une notice. *Ollendorff*, 1901 (notice sur Mme Sarah Bernhardt et portrait). — MONROSE (L.). Silhouettes contemporaines et autres. *Dentu*, 1882 (une de ces silhouettes (en vers) est celle de Mlle Sarah Bernhardt, 1876). — NOEL (Edouard). La Comédie-Française en 1877. *Charpentier*, 1878 (Extrait des *Annales du théâtre et de la musique*, orné d'un portrait d'Ed. Got, gravé à l'eau-forte, tiré en tout à 60 exempl. sur Hollande). Compte rendu de l'interprétation par Sarah Bernhardt, de *Phèdre, Andromaque, Doña Sol, La Fille de Roland*, etc. — SARCEY (Francisque). Quarante ans de théâtre. *Bibliothèque des Annales*, 1901 (nombreux chapitres et passages relatifs à Mme Sarah Bernhardt. *Fédora, Théodora*, etc.). — ZOLA (E.). Le Naturalisme au théâtre. *Charpentier et Fasquelle*, 1893 (Fraction de cet ouvrage contenant les pages 149 à 165, qui sont relatives à Mme Sarah Bernhardt).

233. SOUBIES (Albert). La Comédie-Française depuis l'époque romantique, 1825-1894. *Paris, Fischbacher*, 1895, pet. in-4, demi-rel. mar. rouge, dos orné et chiffre, têt. dor. (*Franz*).

> Sur le faux titre, *envoi autographe* de l'auteur à Mme Sarah Bernhardt.

234. SPINDLER (Walter). 13 aquarelles originales montées sur bristol et placées dans une reliure vélin blanc, fil. et dent. à l'int., doublé de moire blanche, attaches en ruban.

> Ces aquarelles ont été exécutées en 1887 ; toutes sont d'intéressants portraits de Mme Sarah Bernhardt dans les rôles de la *Dame aux Camélias, Froufrou, Francillon,* avec les toilettes de l'époque, à tournures et retroussis.
> *Hommage autographe* de Walter Spindler à Mme Sarah Bernhardt.
> *Reliure portefeuille* portant en diagonale sur le premier plat le nom de Mme Sarah Bernhardt.

235. YORSKA, fondatrice du Théâtre français de New-York. Une Actrice française aux États-Unis. *Paris, Fast,* 1920, in-12, broché.

> EDITION ORIGINALE, dédiée à Mme Sarah Bernhardt par son élève reconnaissante ; la dédicace imprimée est suivie de l'envoi autographe suivant :
>
> *Chère Madame Chérie*
> *vous trouverez au cours*
> *de ces pages une bien*
> *faible expression de toute*
> *l'admiration et de toute*
> *l'adoration qu'éprouve*
> *pour vous*
> votre YORSKA.
>
> Certaines pages de ce livre, très joliment écrit, sont relatives au dernier voyage de Mme Sarah Bernhardt en Amérique.

f. — **Ouvrages et pièces dramatiques de Mme Sarah Bernhardt.**

236. ADRIENNE LECOUVREUR, drame en six actes. *Paris, Fasquelle,* 1908, in-12, broché.

> EDITION ORIGINALE.
> Ce drame a été représenté pour la première fois sur le Théâtre Sarah-Bernhardt, le 3 avril 1907, Blanche Dufrêne, De Max, Decœur, Chameroy créant les principaux rôles autour de Mme Sarah Bernhardt qui incarna l'héroïne de sa propre pièce : *Adrienne Lecouvreur.*
> Exemplaire imprimé sur **papier de Hollande** ; la couverture est ornée du portrait en médaillon de Mme Sarah Bernhardt dans son rôle.

237. ADRIENNE LECOUVREUR, drame en six actes. *Paris, Fasquelle,* 1908, pet. in-12, broché.

> EDITION ORIGINALE.
> 12 exemplaires.

238. DANS LES NUAGES, impressions d'une chaise. Récit recueilli

par Sarah Bernhardt, illustré par Georges Clairin. *Paris, Charpentier,*
s. d. (1878), in-4, mar. bleu gris, fil., dos orné, initiales S. B., dent.
int., tête dor., non rogné, couverture (*Pierson*).

Un des **50** exemplaires imprimés sur **papier de Hollande.**

239. DANS LES NUAGES. Trente dessins originaux à la plume de
Georges Clairin pour l'illustration de l'ouvrage. In-fol., cartonn. de
vélin blanc.

Sur un feuillet de garde, cet envoi :

A la Jolie Plume amie
son dévoué crayon.
G. Clairin, 1879.

240. L'AVEU, drame en un acte en prose. *Paris, Ollendorff,* 1888,
in-8, broché.

Édition originale de cette pièce, dédiée par l'auteur à son fils, illustrée
par *Georges Clairin* d'un portrait en médaillon de Sarah Bernhardt, daté de
1888, répété en bistre sur la couverture, en noir sur le titre, de 4 planches
hors texte et de deux vignettes.

Un des **100** exemplaires imprimés sur **papier du Japon.**

L'Aveu a été représenté sur la scène de l'Odéon le 27 mars 1888, Paul
Mounet, Mmes Raphaèle Sisos et Marie Samary remplissant les principaux
rôles.

241. L'AVEU, drame en un acte en prose. *Paris, Ollendorff,* 1888, in-8,
broché.

Exemplaire d'épreuves imprimé sur le même papier que l'édition originale, et portant *des corrections et quelques additions* de la main de Mme Sarah
Bernhardt.

La couverture s'y trouve en état d'essai, tiré en noir ; on y a ajouté la
couverture définitive tirée en bistre ainsi qu'une seconde épreuve du faux
titre.

242. L'AVEU, drame en un acte en prose. *Paris, Ollendorff,* 1888, in-8,
dos et coins mar. brun, chiffre au dos, têt. dor., non rogné (*Couvert.*).

Même édition.

243. MÉMOIRES. Ma Double vie. Mémoires de Sarah Bernhardt avec
de nombreuses illustrations dont plusieurs en couleurs. *Paris, Fas-*
quelle, 1907, in-8, broché.

Édition originale, ornée de nombreux portraits de Mme Sarah Bernhardt,
à la ville et dans ses principaux rôles.

Premier volume, seul publié ; il se termine avec l'année 1880.

23 exemplaires.

244. **MÉMOIRES**. Memories of my life. *New-York, Appleton and C°,* 1907, in-8, cartonn. toile grenat, fil. dor., médaillon à froid au centre, non rogné (*Cartonn. des éditeurs*).

> Première traduction en langue anglaise ; l'édition est très bien imprimée et ornée de nombreux portraits de la grande artiste ; ces portraits sont en partie différents de ceux de l'édition française.
> 5 exemplaires.

245. **MÉMOIRES**. My Double life. Memoirs of Sarah Bernhardt. With many portraits and illustrations. *London, W. Heinemann,* 1907, gr. in-8, portrait-frontispice en couleurs, fig. en noir, cartonn. toile bleue, têt. dor., non rogné (*Cartonn. de l'éditeur*).

> Traduction en anglais des *Mémoires* de Mme Sarah Bernhardt, publiée à Londres.

246. **MÉMOIRES**. La mia doppia vita. Memorie. *Roma, Voghera,* 1908, pet. in-8, broché.

> Traduction en italien des *Mémoires* de Mme Sarah Bernhardt, illustrée ainsi que l'édition française.

247. **MÉMOIRES**. Mein Doppelleben. Memoiren von Sarah Bernhardt, deutsch von Franz Neubert und Dr. Frokwalt Küchler. *Leipzig, Schulze & C°,* 1908, gr. in-8, cartonn. toile grenat, titre et décor tirés en blanc et or sur le premier plat, tr. bleues.

> Traduction en allemand des *Mémoires* de Mme Sarah Bernhardt, ornée de nombreuses illustrations.

248. **UN CŒUR D'HOMME**, pièce en quatre actes. — L'Aveu, drame en un acte. *Paris, Fasquelle,* 1911, pet. in-12, mar. rouge, rangs de fil. dor. entrecroisés dans les angles, petits motifs dor., le premier plat portant le nom de l'auteur et les titres des deux pièces, dos orné, fil. à l'int., tr. dor. (*Reliure anglaise signée Hatchards*).

> EDITION ORIGINALE de la première pièce. *Un Cœur d'homme* fut représenté sur le Théâtre des Arts en 1909, en voici la dédicace imprimée : « A Paul Hervieu, je dédie cette pièce qui a été violemment attaquée par la presse, mais qui est tout de même bien ».
> *L'Aveu* avait été joué à l'Odéon le 27 mars 1888.
> Exemplaire imprimé sur **papier vélin fort**.

249. **UN CŒUR D'HOMME**, pièce en quatre actes. L'Aveu, drame en un acte. *Paris, Fasquelle,* 1911, in-16, broché.

> 27 exemplaires.

2. — ECRITS RELATIFS AU THÉATRE.
COSTUMES DE THÉATRE.

(Ouvrages anciens et modernes.)

250. BAPST (Germain). Essai sur l'histoire du théâtre, la mise en scène, le décor, le costume, l'architecture, l'éclairage, l'hygiène. *Paris, Hachette et Cie*, 1893, pet. in-4, demi-rel. mar. rouge, filet, dos orné et chiffre, tête dor., non rogné, couverture (*Franz*).

> 85 gravures sur bois hors texte et dans le texte.
> Sur la couverture :
>
> *à Madame Sarah Bernardt*
> *hommage d'admiration et de respect*
> GERMAIN BAPST.

251. BAUËR (Henry). Idée et Réalité. *Paris, Simonis Empis,* 1899, in-12, vélin blanc à recouvr., dos orné et chiffre, tête dor., non rogné, couverture (*Franz*).

> EDITION ORIGINALE.
> Exemplaire sur **papier de Hollande** (n° 3) avec la mention au verso du titre : *imprimé spécialement pour Madame Sarah Bernhardt.*

252. CLAIRON (Hyppolite). Mémoires d'Hyppolite Clairon, et réflexions sur l'art dramatique ; publiés par elle-même. *Paris, F. Buisson, an VII* (1799), in-8, cartonn. demi-vélin blanc, dos orné et chiffre, non rogné (*Franz*).

> EDITION ORIGINALE.

253. COMPOSITEURS. Famous Composers and their works. Edited by John Knowles Paine, Theodore Thomas and Karl Klauser. Illustrated. *Boston, J. B. Millet Company,* 1891, 4 vol. pet. in-4, cartonn. toile rouge des éditeurs.

> Biographies des principaux compositeurs français, allemands, italiens et anglais, illustrées de nombreuses figures, autographes, portraits, et planches hors texte.

254. CONSTANT COQUELIN. Préface d'Edmond Rostand. *Paris,*

Pierre Lafitte & Cie, 1899, in-fol., pl., dans un portefeuille dos de toile blanche, fers spéciaux, attaches.

> 35 planches dont 3o en couleurs représentant Coquelin aîné dans ses principaux rôles d'après les tableaux de *Jean Béraud, Boldini, Dagnan-Bouveret, Detaille, Duez, Friant, Louis Leloir, Madrazo, L. Picard,* etc.

255. CRAIG (Edward Gordon). On the art of the theatre. *London, Heinemann,* 1911, pet. in-8, cartonn. demi-toile noire, non rogné (*Cartonn. de l'éditeur*).

> Ouvrage illustré de 16 planches hors texte.
> Sur le feuillet de garde :
>> *To Madame Sarah Bernardt*
>>> *From* Lily.

256. DUMAS (Alexandre). Mes Mémoires. Première série. *Paris, Michel Lévy frères,* 1863-1865, 10 vol. in-12, demi-rel. veau fauve, dos ornés (*Rel. de l'époque*).

> Première série complète en 10 volumes s'étendant de 1802, année de naissance de l'auteur, à 1833.
> Chaque volume porte au dos le nom de son premier possesseur : E. Malpel.

257. GASSIER (Alfred). Le Théâtre espagnol. San Gil de Portugal de Moreto. *Paris, Ollendorff,* 1898, in-8, broché.

> Hommage autographe de l'auteur :
>> *A celle qui réalisa la plus haute*
>> *perfection dramatique, — gloire du théâtre*
>> *et de l'art français,*
>>> *à Sarah Bernhardt.*

258. GOT (Edmond). Journal de Edmond Got, sociétaire de la Comédie-Française, 1822-1901, publié par son fils Médéric Got. Préface de Henri Lavedan. Avec un portrait d'Edmond Got. *Paris, Plon-Nourrit et Cie,* 1910, 2 vol. in-12, brochés.

259. GUIZOT (Guillaume). Ménandre, étude historique et littéraire sur la comédie et la société grecques, ouvrage couronné par l'Académie française. *Paris, Didier et Cie,* 1866, in-8, frontisp., mar. brun, fil. dos orné et chiffre, dent. int., doubles gardes, tr. dor. (*Gruel*).

> Exemplaire portant cet envoi autographe sur le feuillet de garde .
>> *A Mme Sarah Bernhardt*
>>> Guillaume Guizot.

(Voir Molière, Les Femmes savantes, *acte III, scène v, vers 10 et 11.)*
Voici les vers auxquels renvoie l'auteur :

> *Quoi, Monsieur sait du grec ? Ah, permettez, de grâce,*
> *Que, pour l'amour du grec, Monsieur, on vous embrasse.*

260. HERVEY (Charles). The Theatres of Paris. Illustrated with original portraits of eminent living actresses by Alexandre Lacauchie. *Paris, Galignani ; London, Mitchell,* 1846, gr. in-8, cartonn. toile bleue, fers spéciaux, non rogné *(Cartonn. des éditeurs).*

> 8 portraits lithographiés par *Alex. Lacauchie* et tirés sur Chine.
> Le chapitre relatif à Rachel (pp. 94-101) porte de nombreuses marques faites au crayon par Mme Sarah Bernhardt.
> Quelques piqûres d'humidité.

261. HOUSSAYE (Arsène). Molière, sa femme et sa fille. *Paris, Dentu,* 1880, in-fol., demi-rel. mar. blanc, plats de toile blanche, tête dor., chiffre au dos *(Franz).*

> 16 planches hors texte en noir et en sanguine gravées à l'eau-forte et nombreuses illustrations dans le texte.
> Exemplaire au nom de Mme Sarah Bernhardt avec *un hommage autographe* de l'auteur.

262. JANIN (Jules). Rachel et la tragédie, ouvrage orné de dix photographies représentant Mlle Rachel dans ses principaux rôles. *Paris, Amyot,* 1859, gr. in-8, demi-rel. chag. vert, plats toile verte, ornés de plaques dor., dos orné et chiffre, tr. dor. *(Rel. de l'éditeur).*

> 10 photographies hors texte.

263. JANIN (Jules). Rachel et la Tragédie. Ouvrage orné de dix photographies représentant Mlle Rachel dans ses principaux rôles. *Paris, Amyot,* 1859, gr. in-8, dos et coins de cuir de Russie rouge, initiales S. B. au bas du dos, tête dor., non rogné, couverture *(Lecorché).*

> Edition originale.

264. JOLIET (Auguste), de la Comédie Française. Sonnets à Molière. *Paris, Imprimerie Centrale,* 1906, plaquette in-8 de 26 pages brochée.

> Edition originale.
> *Hommage autographe* de l'auteur « à ma sublime amie Sarah Bernhardt ».

265. LA GRANGE (Charles Varlet de). Archives de la Comédie-Française. Registre de La Grange (1658-1685), précédé d'une notice bio-

graphique. Publié par les soins de la Comédie-Française. Janvier
1876. *Paris, J. Claye,* 1874, in-4, mar. blanc, compart. de fil., fleurons aux angles, initiales S. B. frappées au centre du premier plat,
dos orné, dent. int., têt. dor., non rogné.

> EDITION ORIGINALE imprimée sur papier de Hollande, dont une partie seu-
> lement a été mise dans le commerce.
> Cet exemplaire est tiré au nom de
> *Mademoiselle Sarah Bernhardt*
> *Sociétaire de la Comédie-Française.*

266. MAGNIN (Charles). Les Origines du théâtre moderne ou Histoire
du génie dramatique depuis le 1ᵉʳ jusqu'au xvıᵉ siècle, précédés d'une
introduction contenant des études sur les origines du théâtre antique.
Leipzig, Brockhaus et Avenarius, 1838, in-8, broché.

> EDITION ORIGINALE.
> Tome I, le seul publié, renferme une étude, complète, du théâtre chez
> les Romains.

267. MONROSE (Louis), ex-sociétaire de la Comédie-Française. *Paris,
Dentu,* 1870, in-12, demi chag. rouge, initiales S. B. frappées au dos,
têt. dor., non rogné.

> EDITION ORIGINALE de ce recueil de poésies. Portrait ajouté.
> Sur le feuillet de garde, *hommage autographe* de l'auteur « A Sarah
> Bernhardt ».
> (Le dos de la reliure a été tomé I par erreur ; cet ouvrage est complet
> en un volume.)

268. MOYNET (Georges). La Machinerie théâtrale. Trucs et décors,
explication de tous les moyens employés pour produire les illusions
théâtrales. *Paris, Librairie illustrée, s. d,* (1893), gr. in-8, demi-mar.
blanc rosé, fil., dos orné et chiffre, têt. dor., ébarbé (*Franz*),

> Curieux ouvrage illustré de 30 planches hors texte et de 100 vignettes
> dans le texte.

269. PANTHÉON DES COMÉDIENS (Le). De Molière à Coquelin
aîné. Notices biographiques de Louis Péricaud. Préface de Coquelin
aîné. Ouvrage illustré de cent quatre-vingts portraits reproduits
d'après les documents originaux. *Paris, Fasquelle,* 1922, in-12,
broché.

> Un des **50** exemplaires imprimés sur **papier du Japon.**

270. SHAKESPEARE DAY, 1916. (*London, G.-W. Jones,* 1916), in-8, broché.

> Jolie plaquette publiée pour le tricentaire de la naissance de Shakespeare, imprimée en rouge et noir sur papier de Hollande ; ornée d'un bel encadrement sur bois, d'un en-tête et de lettres ornées.

271. SUBERVILLE (Jean). Le Théâtre d'Edmond Rostand, étude critique. *Paris, « Éditions et librairie »,* 1919, in-12, broché.

> EDITION ORIGINALE.
> *Hommage autographe* de l'auteur à Mme Sarah Bernhardt « l'incomparable créatrice des Personnages de rêve du grand Poète disparu ».

272. TAMPIER (D^r). Dernières heures de Rachel ; lettres qui lui ont été adressées sur sa maladie ; examen de diverses médications préconisées contre la phtisie pulmonaire. *Paris, Labé,* 1858, in-12, cartonn. demi-vél. blanc, dos orné au chiffre S. B., têt. rouge, non rogné (*Franz*).

> EDITION ORIGINALE..
> Le Dr Tampier soigna Rachel au Canet dans la dernière phase de sa maladie et fut témoin de sa mort.

---

273. [ARNAULT (A.-V.)]. Les Souvenirs et les regrets du vieil amateur dramatique, ou Lettres d'un oncle à son neveu sur l'ancien Théâtre-Français, depuis Bellecour, Lekain, Brizard... jusqu'à Molé, Larive, Mmes Raucourt, Vestris, Contat, etc. *Paris, Ch. Froment,* 1829, in-12, papier vergé, veau bleu foncé, compart. de fil., motifs aux angles, dos orné, fil. à l'int., tr. dor. (*Rel. de l'époque*).

> EDITION ORIGINALE, illustrée de 36 gravures coloriées, déjà publiées au xviiie siècle.
> Initiales S. B. ajoutées à l'angle du premier plat.

274. ARNAULT (A.-V.). Les Souvenirs et les regrets du vieil amateur dramatique. *Paris, Leclère,* 1861, pet. in-8, papier vergé, dos et coins mar. rouge, fil., dos orné au pointillé, têt. dor., ébarbé (*Allô*).

> BEL EXEMPLAIRE bien complet de ses 49 figures coloriées.
> Lettre autographe ajoutée de Tristan Bernard faisant hommage de cet exemplaire à Mme Sarah Bernhardt.

275. ARNAULT (A.-V.). Les Souvenirs et les regrets du vieil amateur

dramatique. *Paris, Leclère,* 1861, pet. in-8, papier vergé, 49 fig.
coloriées, demi-veau fauve, fil., tr. marb.

Exemplaire relié au chiffre de Mme Sarah Bernhardt.

276. **CHARNOIS** (Le Vacher de). Costumes et Annales des grands
théâtres de Paris (en figures au lavis et coloriées. Ouvrage destiné à
représenter le costume exact de nos comédiens les plus éclairés, à
relever les erreurs des faux costumes, à offrir des modèles de ceux
qui sont inconnus ou altérés, etc., par M. de Charnois). *Paris, au
Bureau du Journal,* 1786-1789, 4 tomes en 8 vol. in-8, veau marb.,
dos ornés, tr. rouges (*Rel. anc.*).

Publication périodique commencée par M. d'Auberteuil, continuée par
Le Vacher de Charnois.
Les 48 numéros de la première année sont reliés en 3 vol.; les 48 numé-
ros de la seconde année en 2 vol.; ceux de la 3e année en 2 vol.; la 4e année en 1 vol. ne renferme que les n^{os} I à XXVI (sur 32).
Au total 170 fascicules ornés d'autant de portraits d'acteurs et d'actrices
imprimés en couleurs ou gravés au lavis par *Janinet, Chapuis, Guyot,* etc.,
d'après *Berthault, Dutertre, Le Barbier*; on y voit aussi quelques scènes de
théâtre, des pièces de costumes et des accessoires.
Joli exemplaire dans une bonne reliure de l'époque.

277. **COSTUMES.** Album de 50 planches représentant 200 costumes
reproduits par la photographie. *Paris, Calavas, s. d.,* gr. in-8, dans
un cartonnage.

Chaque planche contient 4 photographies de costumes, la plupart de
théâtre..

278. **JULLIEN** (Adolphe). Histoire du costume au théâtre depuis les
origines du théâtre en France jusqu'à nos jours. Ouvrage orné de
vingt-sept gravures de dessins originaux tirés des Archives de l'Opéra
et reproduits en fac-simile. *Paris, Charpentier,* 1880, gr. in-8, demi-
rel. chagr. rouge, dos orné et chiffre, tr. jasp.

279. **LA MÉSANGÈRE.** Journal des Dames et des modes. 1819-1827,
7 vol. in-8, demi-rel. papier bleu, dos ornés, plats de papier marb.
jaune, tr. jaunes (*Cartonn. anc.*).

Réunion de 361 planches coloriées appartenant aux années 1819 à 1827,
avec lacune pour l'année 1825.
On a intercalé dans les deux derniers volumes 25 planches coloriées
extraites des *Modes de Paris, Petit Courrier des Dames.*

280. **MODES ET MANIÈRES DU JOUR** (de Debucourt). Costume parisien (de La Mésangère), 1797-1814. Réunion de 401 planches montées sur bristol.

Copies calquées et coloriées, avec légende pour 390 planches, plus 15 planches en épreuves anciennes appartenant au *Costume parisien*.

On y a joint 91 planches de costumes, la plupart coloriées, les unes extraites du « Journal des Demoiselles, Petit Courrier des Dames, Modes de Paris », etc.; les autres copiées d'après des figures des XVIIᵉ et XVIIIᵉ siècles.

ÉDITIONS ORIGINALES D'AUTEURS
DU XIXe SIÈCLE ET CONTEMPORAINS

I. — POÉSIE.

a. — Poëtes français.

281. ACKERMANN (L.). Poésies. Premières poésies. Poésies philosophiques, *Paris, Lemerre*, 1877, in-12, cartonn. demi-vélin blanc, dos orné et chiffre, non rogné (*Franz*).

> Le faux titre porte cet envoi autographe :
> *A Sarah Bernhardt*
> *Vive sympathie et double admiration.*
> L. ACKERMANN.

282. ADAM (Mme Juliette). A Vasco de Gama, 1498. Hommage de la Pensée française, 1898. Album commémoratif publié sous le patronage de Sa Majesté la reine Marie-Amélie de Portugal. Recueilli par Mme Juliette Adam. *Paris, Lisboa, Guillard, Aillaud et Cie*, 1898, in-4, en feuilles avec la couverture, sous une enveloppe de basane bleue.

> Poèmes et articles de F. Mistral, Sully-Prudhomme, P. Loti, François Coppée, Robert de Montesquiou, Paul Bourget et Camille Mauclair, reproduits en fac-similés.
> Illustrations hors texte de *Bonnat, H. Lerolle, G. Jeanniot, J.-P. Laurens, J.-F. Raffaëlli, Eug. Carrière, Carolus Duran* (reproduction en couleurs), *Dagnan-Bouveret, J. Chéret, Henner, Puvis de Chavannes, H. Martin.*

283. AICARD (Jean). La Chanson de l'Enfant. *Paris, Sandoz et Fischbacher, s. d.,* 1876, pet. in-8, cartonn. demi-vélin blanc, dos orné et chiffre, non rogné (*Franz*).

> EDITION ORIGINALE.

Envoi autographe sur le faux titre :
à Sarah Bernhardt
dont la voix est un chant de lyre,
Hommage,
Jean Aicard.

284. BANVILLE (Théodore de). Poésies complètes. Edition définitive. *Paris, Charpentier,* 1878, in-12, cartonn. demi-vélin blanc, dos orné et chiffre, ébarbé (*Franz*).

> Le recueil contient : *Les Exilés. Odelettes. Améthystes. Ruines dorées. Rondels. Les Princesses. Trente-six ballades joyeuses.*
> Sur le faux titre, le « Respectueux hommage », autographe de l'auteur à Mlle Sarah Bernhardt.

285. BANVILLE (Théodore de). Les Cariatides. Les Stalactites. Le Sang de la coupe. Roses de Noël. *Paris, Charpentier,* 1879, in-12 broché.

> Edition définitive.
> Le faux titre porte cet envoi autographe :
> *A Mlle Sarah Bernhardt*
> *témoignage de la plus sincère admiration.*
> Théodore de Banville.
> Exemplaire fatigué.

286. BATAILLE (Henry). La Quadrature de l'Amour. *Paris, Fasquelle,* 1920, pet. in-8 carré, broché.

> Edition originale.
> Ce bel envoi autographe sur le faux titre :
> *A Sarah Bernhardt*
> *qui a chanté toute sa vie*
> *les plus beaux poèmes d'amour*
> *d'espérance... et de charité.*
> *ce petit livre, respectueux*
> *de son génie*
> Henry Bataille.

287. BERGERAT (Émile). La Lyre brisée. Vers et poèmes. *Paris, Ollendorff,* 1903, pet. in-8, broché.

> Cet envoi autographe sur le faux titre :
> *A Sarah Bernhardt*
> *pour la divertir, en*
> *wagon pendant sa tournée*
> *Hommage d'un vieil ami*
> Emile Bergerat.

288. BERGERAT (Émile). Ballades et Sonnets. *Paris, Fasquelle*, 1910, in-12, broché.

> EDITION ORIGINALE, ornée d'un portrait de l'auteur par *Léon Glaize*, tiré sur Japon.
> Sur le faux titre, cet envoi autographe :
>
>> *A Madame*
>> *Sarah. Bernhardt*
>> *en bon souvenir des*
>> *jours d'antan*
>>> EMILE BERGERAT.
>> (*page 217*).
>
> Le second des *Sonnets acrostiches*, pag. 217, est dédié à Mme Sarah Bernhardt.

289. BERGERAT (Émile). Glanes et javelles. Rimes nouvelles (1910-(1914). *Paris, Fasquelle*, 1914, in-12, broché.

> EDITION ORIGINALE.
> *Envoi autographe* de l'auteur à Mme Sarah Bernhardt.

290. BERTHEROY (Jean) [Mme Roy de Clotte]. Femmes antiques. La Légende. L'Histoire. La Bible. *Paris, Ollendorf*, 1890, in-12, cartonn demi-vélin blanc, dos orné et chiffre, non rogné (*Franz*).

> EDITION ORIGINALE.
> Un des 10 exemplaires imprimés sur **papier de Hollande**.
> Sur le faux titre, ce bel envoi autographe :
>
>> *à Sarah Bernhardt*
>> *à la plus géniale des femmes*
>> *modernes,*
>> *j'offre ces études de femmes*
>> *antiques*
>>> JEAN BERTHEROY.

291. BONNARD (Abel). Les Familiers. *Paris, Société française d'imprimerie et de librairie*, 1906, in-12, broché.

> EDITION ORIGINALE de ces poésies.
> *Hommage autographe* de l'auteur à Mme Sarah Bernhardt.

292. BONNARD (Abel). Les Royautés, poèmes. *Paris, Fasquelle*, 1908, in-12, broché.

> EDITION ORIGINALE.
> *Hommage autographe* « d'admiration infinie » de l'auteur à Mme Sarah Bernhardt.

293. **BRIZEUX** (Auguste). OEuvres complètes, précédées d'une notice par Saint René Taillandier. *Paris, Michel Lévy frères,* 1860, 2 vol. in-12, portrait, chag. vert, fil., doubl. et gardes de moire blanche, dent., tr. dor.

> Première édition collective.
> Exemplaire relié au chiffre de Mme Sarah Bernhardt.

294. **CHÉNIER** (André). Poésies, édition crittique. Étude sur la vie et les œuvres d'André Chénier, variantes, notes et commentaires..., par L. Becq de Fouquières. *Paris, Charpentier,* 1862, 2 vol. gr. in-8, portrait, cuir de Russie rouge, fil., dos ornés et chiffre, dent. int., tr. dor. (*David*).

> Exemplaire imprimé sur **grand papier de Hollande** ; ces exemplaires de luxe ont été publiés en deux volumes.

295. **COPPÉE** (François). Poésies, 1864-1869. *Paris, Lemerre,* 1871, pet. in-12, port., dos et coins mar. La Vall., initiales S. B. frappées au bas du dos, têt. dor., non rogné (*Gruel*).

> Le faux titre porte cet envoi autographe :
>
> *A ma chère amie et adorable interprète*
> *Sarah Bernhardt*
> *Souvenir de la 1re de* Fais ce que dois
> François Coppée.

296. **COPPÉE** (François). Les Humbles. *Paris, Lemerre,* 1872, in-12, demi-rel. mar. rouge, dos orné et chiffre, têt. dor., non rogné (*Franz*).

> Edition originale.
> Cet envoi autographe sur le faux titre :
>
> *A Sarah Bernhardt*
> *son admirateur et ami*
> François Coppée.

297. **COPPÉE** (François). Les Récits et les Élégies. *Paris, Lemerre,* 1878, in-12, demi-mar. rouge, fil., dos orné et chiffre, têt. dor., non rogné (*Franz*).

> Edition originale, sauf pour *Les Mois.*
> Sur le faux titre :
>
> *A l'exquise comédienne, Sarah Bernhardt*
> *Son vieil ami,*
> François Coppée.

298. COPPEE (François). Poésies. 1874-1878. Olivier. Les Récits et les Élégies. *Paris, Lemerre,* 1879, pet. in-12, broché.

> Le faux titre porte l'envoi autographe suivant :
> *à Sarah Bernhardt*
> *Souvenir de son admirateur*
> FRANÇOIS COPPÉE.
>
> On y a joint Le Passant, comédie en un acte, en vers. *Lemerre, s. d ,* in-12, br.

299. COURMONT (Louis de). Feuilles au Vent, poésies. Illustrations par A. Beauvais, A. Berchon, E. Boisseau, W. Bourgeois, A. Duvivier, J. Gautherin, H. Hanoteau, A. Jullien, etc. *Paris, Tresse,* 1884, gr. in-8, mar. blanc, compart. de fil., fleurons aux angles, initiales S. B. frappées au centre, dos orné, dent., têt. dor., non rogné.

> Portrait et 4 eaux-fortes hors texte ; dessins dans le texte.
> *Hommage autograpne* de l'auteur à Mme Sarah Bernhardt.

300. CROS (Charles). Le Coffret de Santal. *Paris, Tresse,* 1879, in-12, papier vergé, broché.

> Seconde édition, aussi intéressante que la première ; elle est augmentée de 46 pièces nouvelles dont plusieurs très importantes.
> Ces lignes autographes sur le feuillet de garde :
> *A Sarah Bernhardt*
> *la grande artiste*
> *hommage de*
> *son admirateur*
> CHARLES CROS.

301. DELARUE-MARDRUS (Mme Lucie). Occident. *Paris, La Revue Blanche,* 1901, pet. in-8, broché.

> EDITION ORIGINALE.
> Ces lignes autographes sur le feuillet de garde :
> *Simplement à la femme la plus*
> *admirable de ce siècle, Sarah*
> *Bernhardt*
> LUCIE DELARUE-MARDRUS.

302. DELARUE-MARDRUS (Mme Lucie). Ferveur. *Paris, Revue Blanche,* 1902. — Souffles de tempête. *Paris, Fasquelle,* 1918. Ens. 2 vol. in-12 et pet. in-8, brochés.

> EDITIONS ORIGINALES.
> *Bel envoi autographe* de Mme Delarue-Mardrus à Mme Sarah Bernhardt sur chaque volume.

3o3. [DELPRAT (Édouard)]. Les Frères d'armes. I. L'obligeance du bâtard de Monflanquin. II. La Revanche du marquis Friedrich. *Paris, imprimerie Jouaust,* 1865, in-8 de 32 pages, demi-rel. veau bleu foncé, dos orné, tr. jasp. (*Rel. de l'époque*).

> Edition originale, publiée à petit nombre sans le nom de l'auteur et non mise dans le commerce.
>
> Ce recueil de vers, spirituelle parodie de la première série de la *Légende des siècles,* est orné en frontispice d'une eau-forte dessinée et gravée par l'auteur et tirée sur Chine.
>
> Chiffre de Mme Sarah Bernhardt ajouté au bas du dos de la reliure.

3o4. DESBORDES-VALMORE (Marceline). La Vie et la mort du ramier. Manuscrit autographe en 1 vol. pet. in-4, cartonn. vélin blanc, 3 fil. dor., non rogné (*Vié*). — Le premier plat portant : Souvenir du 13 juillet 1896. A Sarah Bernhardt.

> **Belle pièce de vers autographe** de Mme Desbordes-Valmore ; elle est composée de cinq strophes dont voici la première.
>
> *De la colombe au bois c'est le ramier fidèle;*
> *S'il vole sans repos, c'est qu'il vole auprès d'elle :*
> *Il ne peut s'appuyer qu'au nid de ses amours,*
> *Car ses ailes de feu l'y réchauffent toujours.*
>
> Cette poésie occupe la première page d'une large feuille de papier; la seconde page porte une lettre (8 lignes) adressée par Mme Desbordes-Valmore « A Monsieur l'Editeur du Mercure du 19e siècle », pour lui faire l'envoi de cette poésie : « Je vous prie de recevoir un bien pauvre tribut de ma reconnaissance. Je ne mérite pas le don que vous me faites avec tant de constance du journal qui m'attache le plus, mais dans l'impossibilité de reconnaître ce bon procédé, j'éprouve le besoin de vous dire au moins combien j'y suis sensible, etc. » (Adresse timbrée et cachet de cire au verso.)
>
> Ce précieux autographe a été offert à Sarah Bernhardt en souvenir de l'inauguration du monument à Mme Desbordes-Valmore, à Douai, 13 juille 1896, et en remerciement du concours que Mme Sarah Bernhardt voulut bien apporter à la cérémonie.
>
> La plaquette, contenant le discours prononcé par le comte Robert de Montesquiou devant le monument, a été reliée avec la pièce autographe ; l'auteur y remercie Mme Sarah Bernhardt de sa présence et rappelle qu'à peine revenue d'un long voyage, et prête enfin à prendre un peu de repos, la magnanime artiste, priée d'assister à ces fêtes, donna cette noble réponse : « Je le ferai, parce que cela me sera difficile. »

3o5. DÉROULÈDE (Paul). Chants du Paysan. *Paris, Calmann Lévy,* 1894, pet. in-16, cartonn. demi-vélin blanc, dos orné et chiffre, non rogné (*Franz*).

> Edition originale.

Sur le feuillet de garde, cet envoi autographe :

à Sarah Bernhard[t]
Hommage
Paul Déroulède,

Langély, 17 janv. 94.

306. DÉROULEDE (Paul). [Œuvres]. *Paris, Calmann Lévy,* 1889-1898, 11 vol. in-16, demi-rel. mar. bleu à longs grains, dos ornés d'un faisceau d'épées et fanion, de fil. et pointillé ; têt. dor., non rognés, dans un étui.

(Poésies). Chants et Nouveaux Chants du soldat, 2 vol. — Marches et Sonneries. — Refrains militaires. — Chants du Paysan. — (Drames). Juan Strenner. — L'Hetman. — La Moabite. — Messire Du Guesclin. — La Mort de Hoche. — La plus belle fille du monde.

Le premier volume porte cet envoi autographe :

à Sarah-Bernhardt
plus admirable,
plus incomparable,
plus « sans pareil » que
jamais,
Hommage, souvenir,
Bravos !
P. Déroulède,
au lendemain de la « Beffa ».
Mars 1910.

(Les reliures sont tomées de 1 à 11 ; chaque volume porte au dos les initiales de Mᵐᵉ Sarah Bernhardt ; sa main a placé dans le tome IV un petit signet de papier qui marque la poésie « *Quand même* » (sa devise) ; nous l'avons soigneusement laissé à cette place.)

307. DIERX (Léon). Œuvres complètes. *Paris, Lemerre,* 1894-1896, 2 vol. pet. in-12, portrait, cartonn. vélin blanc à recouvr., fil., dos orné et chiffre, ébarbés (*Couvert.*).

Cet envoi autographe sur le feuillet de garde :

à la grande Sarah
son très reconnaissant
admirateur
Léon Dierx.

308. FABRÈGUE (Aimée). Le Livre d'Heures de l'Amant. Lettre de Frédéric Mistral, couverture par J.-F. Bouchor, composition musicale de Henry Eymieu. *Paris, Bibliothèque de l'Association,* 1899,

in-16, cartonn. demi-vélin blanc, dos orné et chiffre, têt. dor., non
rogné, couverture (*Franz*).

> EDITION ORIGINALE ; la lettre préface de Frédéric Mistral est imprimée en
> langue provençale avec la traduction française en regard.
> Le faux titre porte cet envoi autographe :
>
> *A Madame Sarah Bernhardt*
> *une petite cigale, admiratrice fervente de*
> *son génie*
> AIMÉE FABRÈGUE.

309. **FORT (Paul).** Poèmes de France. *Paris, Helleu,* 1914-1916,
22 fasc. in-8 oblong, en feuilles.

> EDITION ORIGINALE des numéros 1 à 18, 23 à 26 de ces poèmes en prose.
> Le premier fascicule porte l'*hommage autographe* de Paul Fort à Mme Sarah
> Bernhardt.

310. **FRAUDET (René).** Les Pierres de lune. Les Bijoux de la morte.
Rose Flamberge. Quelques cailloux. *Paris, Ollendorff,* 1907, in-12,
mar. vieux rose, 3 fil. dor., dos mosaïqué, dent. int., non rogné,
couverture (*Affolter*).

> EDITION ORIGINALE.
> Un des **6** exemplaires imprimés sur **papier de Hollande**, offert avec cet
> envoi autographe sur le faux titre :
>
> *à Madame Sarah Bernhardt*
> *très respectueusement*
> *« Les Pierres de Lune » n'auront pas été*
> *écrites en vain sous le règne de Sarah*
> *Bernhardt, si quelques-unes de leurs*
> *rimes trouvent grâce devant*
> *l'Impératrice des Poètes.*
> RENÉ FRAUDET.

311. **FRAUDET (René),** Les Pierres de lune. Les Bijoux de la morte.
Rose Flamberge. Quelques cailloux. *Paris, Ollendorff,* 1907, in-12,
broché.

> EDITION ORIGINALE.
> Sur le faux titre, envoi autographe :
>
> *A Madame Sarah Bernhardt*
> *en hommage de*
> *l'inaltérable reconnaissance*
> *et de l'admiration de*
> RENÉ FRAUDET.

3i2. FRONDAIE (Pierre). Préludes aux Poèmes du coq. . *Paris, Émile-Paul,* 1916, in-8 carré, broché.

EDITION ORIGINALE.

Exemplaire imprimé sur **papier de Hollande**, portant sur la première page l'hommage autographe suivant :

A Madame Sarah Bernhardt
qui est le pôle magnétique de
tous les poèmes humains, j'envoie
ces quelques vers, avec
toute mon émotion et tout mon
respect,

PIERRE FRONDAIE.

3i3. GARCIA DE MANSILLA (Daniel). Orchidées, poésies. *Paris, V*ve *Magnin et fils,* 1889, in-8, demi-rel. mar. brun, dos orné, chiffre, tr. jasp.

Sur le faux titre *quatrain autographe* de l'auteur dédié à Mme Sarah Bernhardt.

3i4. GÉRARD (Rosemonde). Les Pipeaux, ouvrage couronné par l'Académie française. *Paris, Fasquelle,* 1923, in-12, broché.

Exemplaire sur **papier impérial du Japon**, imprimé spécialement pour Mme Sarah Bernhardt, offert avec cet hommage autographe sur le faux titre :

A Sarah Bernhardt
à la « Princesse Lointaine »
à la « Samaritaine »
à « L'Aiglon »
à la Gloire,
avec toute l'émotion de ma tendresse

ROSEMONDE ROSTAND.

3i5. GOUDEAU (Émile). Chansons de Paris et d'ailleurs. *Paris, Charpentier et Fasquelle,* 1896, in-12, cartonn. demi-vélin blanc, dos orné et chiffre, têt. dor., non rogné (*Franz*).

Exemplaire de l'ÉDITION ORIGINALE relié avec sa couverture provisoire, en papier du Japon sur laquelle l'auteur a transcrit le titre suivi de cette mention et de cet envoi :

Simples « Bonnes Feuilles »
d'un livre qui ne doit paraître que le 15 janvier

EMILE GOUDEAU.

Humble hommage
à la Divine Sarah
d'un poète
enthousiaste du génie
de l'Impératrice du Domaine de Poësie.

3¡6. HARAUCOURT (Edmond). L'Ame nue. *Paris, Charpentier et C¹ᵉ,* 1885, in-12, veau fauve clair marb., 3 fil. dor., initiales frappées dans un angle, dos orné, dent. int., tr. dor. (*Vié*).

> Edition originale.
>
> Un des **10** exemplaires imprimés sur **papier du Japon.**
>
> Ce recueil de vers a été dédié à Mᵐᵉ Sarah Bernhardt ; le poète a consacré plus spécialement cet exemplaire à son inspiratrice en composant sur les feuillets de garde une poésie autographe de sept strophes à la gloire de la magnifique artiste.
>
> > *O Notre-Dame ! O toi ! Source d'où l'art s'épanche,*
> > *Reine de tout un monde, essor de tout un âge,*
> > *Tu l'élèves sur nous comme une église blanche*
> > *Dont la flèche aux coins d'or monte dans un nuage.*

3¡7. HARAUCOURT (Edmond). Seul. *Paris, Bibliothèque Charpentier,* 1891, in-12, demi-rel. mar. blanc, dos orné et chiffre, tête dor., non rogné (*Franz*).

> Edition originale ; portrait de l'auteur gravé à l'eau-forte par *F. Desmoulin.*
>
> Le faux titre porte l'envoi et les vers autographes que voici :
>
> > *A la très chère et très grande*
> > *Amie*
> > *Ma Dame*
> > *Sarah Bernhardt*
> > Edmond Haraucourt.
> > *... « Car je suis ardente et féconde*
> > *Et je déverse sur le monde*
> > *La volonté qui court en moi.*
> > *Tous les rêveurs m'ont pour patrie,*
> > *Et je donne, dès qu'on m'en prie,*
> > *De la jeunesse ou de la foi!... »*
> > *(14 mai 1892.)*
>
> (Cassure réparée au feuillet 73-74 ; mouillure sur le faux titre et sur le titre.)

3¡8. HEPP (Alexandre). Les Errantes. *Paris, Sandoz et Fischbacher,* 1878, in-18, cartonn. demi-vélin blanc, dos orné et chiffre, non rogné (*Franz*).

> Edition originale de ce volume de vers.
>
> Le feuillet de garde porte cet envoi autographe de l'auteur :
>
> > *A Sarah Bernhardt*
> > *Un poète à l'Etoile.*

3¡9. HEREDIA (José-Maria de). Les Trophées. *Paris, Lemerre,* 1895, pet. in-12, portrait, cartonn. vélin blanc à recouvr., dos orné et chiffre, non rogné (*Couvert.*).

> Exemplaire offert par un envoi autographe de l'auteur :
> *à Madame Sarah Bernhardt*
> *En témoignage de la plus*
> *sincère admiration.*

320. HEREDIA (J.-M. de). Salut à l'Empereur. Stances dites par M. Paul Mounet, à la cérémonie de la pose de la première pierre du Pont Alexandre III le 7 octobre 1896. *Paris, Lemerre,* 1896, in-4, mar. blanc, dos orné de fil. à froid prolongés sur les plats, dent. int., doubles gardes, tr. dor. sur témoins, couverture, étui.

> Édition originale de cette plaquette.
> Exemplaire imprimé sur papier de Hollande, portant sur le faux titre cet envoi autographe :
> *A Madame Sarah Bernhardt*
> *Son admirateur*
> J.-M. de Heredia.

321. HOUSSAYE (Arsène). Poésies. *Paris, Dentu,* 1877, in-12, broché.

> Première édition définitive complète, ornée d'un frontispice.
> Cet envoi autographe sur le feuillet de garde :
> *A mon adorable confrère et consœur*
> Arsène Houssaye.

322. HUCHARD (Robert). Clochettes et Bourdons. *Paris, Perrin et Cie* (1909), in-12, broché.

> Édition originale de ce recueil de poésies.
> Un des 6 exemplaires imprimés sur papier de Hollande, offert à Mme Sarah Bernhardt avec *une poésie autographe* de cinq strophes composée par l'auteur à l'issue d'une représentation de *Phèdre.*

323. HUGO (Victor). L'Art d'être grand-père. *Paris, Calmann Lévy,* 1877, in-8, vélin blanc, initiales S.-B. frappées sur le premier plat, tr. jasp.

> Exemplaire de l'édition originale portant sur le faux titre ce *précieux envoi autographe* signé de Victor Hugo :
> *A une reine dont*
> *j'eusse voulu être*
> *le Ruy Blas.*

324. HUGO (Victor). La Légende des siècles. Première série. Histoire.

Les Petites épopées. *Paris, Hachette et Cie*, 1880, in-12, mar. rouge,
jans., chiffre S. B. frappé au bas du dos, dent. int., doubles gardes,
tête dor., non rogné (*Pierson*).

> Exemplaire en tête duquel on a relié une feuille portant *trois alexandrins
> autographes*, signés de Victor Hugo :
>> *Dieu vous a tout donné, femmes, il a voulu*
>> *Que les seuls alcyons tinssent tête à l'orage,*
>> *et qu'étant la beauté, vous fussiez le courage.*

325. HUGO (Victor). La Fin de Satan. *Paris, Hetzel et Cie, Quantin*,
1886, in-8, demi-mar. La Vall., chiffre au bas du dos, tr. jasp.
(*Franz*).

> Edition originale.

326. HUGO (Victor). La Chanson d'Eviradnus. *S. l. n. d.*, plaquette
in-16 de 6 pages, y compris le titre, mar. vert clair, petite fleur en
forme d'œillet poussée en or au centre du premier plat ; à l'int., bord.
de mar. ornée de fil. dor., tête dor., non rogné.

> Exemplaire imprimé sur papier du Japon, avec cette mention manuscrite
> sur le feuillet de garde :
>> *De cette édition un Exemplaire*
>> *a été tiré*
>> n° 1
>
> Jolie plaquette portant à l'intérieur l'ex-libris de Mme Sarah Bernhardt.

327. HUGO (sur Victor). Riva-Berni (Jean de). Table générale des
poésies de Victor Hugo classées par ordre alphabétique de leur premier vers. *S. l. n. d.*, in-4 oblong, broché.

> Exemplaire offert par l'auteur avec cet envoi autographe :
>> *A Madame Sarah Bernhardt*
>> *l'illustre interprète de Victor Hugo.*

328. LAMARTINE. Recueillements poétiques. — Premières méditations poétiques. La Mort de Socrate. — Nouvelles méditations poétiques. *Paris, Hachette et Cie, Jouvet et Cie*, 1888-1898, 3 vol. in-12,
demi-rel. mar. rouge, fil., tête dor., non rognés.

> Ex-libris de Mme Sarah Bernhardt à l'intérieur de chaque volume.

329. LEBEY (André). Les Poèmes de l'Amour et de la Mort. *Paris,
Mercure de France*, 1898, in-12, cartonn. vélin blanc, le titre calli-

graphié en petites lettres vertes sur un côté du premier plat, non rogné.

Edition originale.
Exemplaire imprimé sur papier alfa, offert par l'auteur à Mme Sarah Bernhardt avec *un sonnet autographe inédit* célébrant la magnifique incarnation qu'elle a donnée d'*Hamlet*, dédié à la grande artiste « avec une admiration respectueuse et fervente en souvenir d'une merveilleuse soirée. »

33o. **LECONTE DE LISLE.** Poèmes antiques. *Paris, Lemerre,* 1881, pet. in-12, portrait, dos et coins mar. La Vall., chiffre S. B. frappé au dos, tête dor., ébarbé.

331. **LECONTE DE LISLE.** Poèmes tragiques. *Paris, Lemerre,* 1884, in-8, cartonn. demi-vélin blanc, dos orné et chiffre, non rogné (*Franz*).

Edition originale.
Un des 10 exemplaires imprimés sur **papier de Chine**.

332. **LIÉGEARD** (Stephen). Le Verger d'Isaure. *Paris, Hachette et Cie,* 1870, in-12, mar. vert émeraude, large dent. et milieux ornés d'un losange de petits fers et rinceaux dor. autour d'un médaillon central renfermant sur le premier plat les initiales S. B., dos orné, dent. int., doublé et gardes de moire vert clair, tr. dor. (*Adriaensen*).

Edition originale de ce recueil de poésies.
Sur le feuillet de garde, cet envoi autographe :
A Mademoiselle Sarah Bernhardt
hommage d'vn admirateur fervent
Stéphen Liégeard.

333. **LORIN** (Georges). L'Ame folle. *Paris, Ollendorff,* 1893, in-12, cartonn. demi-vélin blanc, dos orné portant au bas le chiffre S. B., non rogné, couverture (*Franz*).

Le faux titre porte cet envoi autographe :
A la Grande !
son toujours ami du fond
de l'ombre
Georges Lorin.

334. **LORRAIN** (Jean). Le Sang des Dieux. Avec un dessin d'après Gustave Moreau. *Paris, Lemerre,* 1882, in-12, broché.

Edition originale du premier recueil de vers de Jean Lorrain.
Un long, très bel et mélancolique envoi autographe de Jean Lorrain à Mme Sarah Bernhardt couvre la feuille de garde ; cet envoi est daté de 1885.

335. LORRAIN (Jean). La Forêt bleue. Avec un dessin d'après Sandro Botticelli. *Paris, Lemerre,* 1883, in-12, cartonn. demi-vélin blanc, dos orné et chiffre, non rogné (*Franz*).

> EDITION ORIGINALE.
> L'envoi autographe suivant en travers du feuillet de garde :
>
> > *A Madame Sarah*
> > *Bernhart* (sic), *Viviane et*
> > *fée*
> > > *bleuâtre et implorant*
> > *hommage du*
> > *hanté, enchanté et ensorcelé*
> > > LORRAIN JEAN,
> > > > *1885 mars.*

336. LORRAIN (Jean). Les Griseries. *Paris, Tresse et Stock,* 1887, in-12, broché.

> EDITION ORIGINALE.
> Le faux titre porte cette dédicace autographe :
>
> > *à Madame Sarah Bernhardt*
> > > JEAN LORRAIN.
> > > *Paris,* 1887 *mars*
> > > *Fécamp,* 1887 *août.*
> > *L'étoile d'or, qui brille au sommet du coteau,*
> > *ne connait pas celui dont l'œil bleu la regarde,*
> > *mais le pâtre, qui veille attentif à la garde*
> > *de ses moutons, les bras croisés sous son manteau*
> > *connait l'Etoile d'or.*
> > > > J. L.

337. LORRAIN (Jean). L'Ombre ardente, poésies. *Paris, Fasquelle,* 1897, in-12, cartonn. demi-vélin blanc, dos orné et chiffre, têt. rouge, non rogné (*Couvert.*).

> EDITION ORIGINALE.
> Un des **15** exemplaires imprimés sur **papier de Hollande.**
> *Lettre autographe* ajoutée adressée par Jean Lorrain à Mme Sarah Bernhardt pour lui soumettre une liste de poésies de ce recueil, destinées à être lues à ses « Samedis populaires ».

338. MADELEINE (Jacques). Le Sourire d'Hellas. *Paris,* 1899 (A la fin :) imprimé par M. Bourges à Fontainebleau, in-18, cartonn. à recouvr. vélin blanc, dos orné et chiffre, têt. dor., non rogné, couverture (*Franz*).

> EDITION ORIGINALE, tirée en tout à 250 exemplaires sur papier vergé.

Sur le feuillet de garde, envoi autographe :

> *à*
>
> *la grande*
> *Sarah Bernhardt*
> *en témoignage d'absolue*
> *admiration*
>
> JACQUES MADELEINE.

339. MAGRE (Maurice). La Chanson des hommes, poème. *Paris, Fasquelle*, 1898, in-12, broché.

EDITION ORIGINALE.
Hommage autographe de l'auteur à Mme Sarah Bernhardt.

340. MAGRE (Maurice). Les Belles de nuit, poésies. Avec un portrait de l'auteur par A. Argnani. *Paris, Fasquelle*, 1913, in-12, broché.

EDITION ORIGINALE.
Envoi autographe sur le faux titre :

> *à Madame Sarah Bernhardt*
> *à la muse aimée des poètes*
> *avec le fidèle souvenir de*
> *son admirateur*
>
> MAURICE MAGRE.

341. MANUEL (Eugène). Poésies complètes, augmentées de pièces inédites et ornées d'un portrait de l'auteur par Léopold Flameng. *Paris, Calmann Lévy*, 1899, 2 vol. pet. in-8, portrait, dos et coins mar. bleu, fil., dos orné, têt. dor., non rognés.

PREMIÈRE ÉDITION COLLECTIVE.
Exemplaire imprimé sur **papier de Hollande**, portant sur le faux titre ce bel envoi autographe de Mme Eugène Manuel :

> *A l'admirable et grande amie*
> *Sarah Bernhardt, en souvenir*
> *de l'auteur qui a gardé jusqu'à*
> *son dernier jour toute son affectueuse*
> *reconnaissance à la divine interprète*
> *de l'Absent.*
>
> Vve JENNY EUGÈNE MANUEL.

27 Juin 1903.

342. MANUEL (Eugène). Poésies complètes augmentées de pièces inédites et ornées d'un portrait de l'auteur par Léopold Flameng. *Paris, Calmann Lévy*, 1899, 2 vol. pet. in-8, brochés.

Même édition ; **papier de Hollande**.

Cei envoi autographe sur le faux titre du tome premier :

> *A Sarah Bernhardt,*
> *à l'artiste incomparable*
> *son fidèle et passionné admiratenr*
> *et son poète toujours reconnaissant*
> EUGÈNE MANUEL.

343. MARIÉTON (Paul). Hippolyta. *Paris, Lemerre,* 1902. — Les Epigrammes. *Mercure de France,* 1909. Ens. 2 vol. in-12, brochés.

> EDITIONS ORIGINALES.
> *Hommage autographe* de plusieurs lignes de l'auteur à Mme Sarah Bernhardt sur chaque volume.

344. MARIOTTE (Emile). Diwân. *Paris, Lemerre,* 1896, in-12, demi-rel. mar. rouge, fil., dos orné portant au bas le monogramme S. B., têt. dor., non rogné (*Franz*).

> EDITION ORIGINALE de ce recueil de poésies.
> Exemplaire imprimé sur **papier de Hollande,** offert « à la grande tragédienne Sarah Bernhardt » par un hommage autographe de l'auteur.

345. MARTIN (Gabriel). Pa-Hos et Zu'ella, légende en vers féerico-amoroso-dramatico-idyllico-lyrico apocalyptique. *Paris, La Plume,* 1893, in-12, cartonn. demi-vélin blanc, dos orné et chiffre, non rogné (*Franz*).

> EDITION ORIGINALE, dédiée à Mme Sarah Bernhardt.
> Exemplaire unique imprimé sur **peau de vélin,** signé de l'auteur et portant cet envoi autographe sur le faux titre :

> > *A l'enchanteresse*
> > *Sarah Bernhardt*
> > *Je répète et répéterai*
> > *sans cesse et toujours*
> > *la dédicace inscrite en tête*
> > *de ce livre.*

> (La dédicace imprimée comprend cinq vers, et l'auteur fait remarquer dans une petite note que le lecteur peut interposer ces vers dans l'ordre qu'il lui plaira, sans que le sens en soit altéré.)

346. MAUPASSANT (Guy de). Des Vers. *Paris, Charpentier,* 1880, in-12, cartonn. demi-vélin blanc, dos orné et chiffre, non rogné (*Franz*),

> EDITION ORIGINALE.
> Sur le feuillet de garde, cet envoi autographe :

> > *A Mademoiselle Sarah Bernhardt*
> > *hommage d'un admirateur*
> > GUY DE MAUPASSANT.

347. MENDÈS (Catulle). Les Poésies de Catulle Mendès. Première
série. *Paris, Sandoz et Fischbacher,* 1876, gr. in-8, mar. blanc, encadr. de fil. et dent. de petits fers dor., initiales S. B. frappées à
l'angle droit, dos orné, dent. int., têt. dor., non rogné, couverture
(*Pierson*).

> Première édition collective, en partie originale, contenant : *Le Soleil de
> minuit, Soirs moroses, Contes épiques, Intermède, Hespérus, Philoméla,* etc.
> Un des **25** exemplaires imprimés sur **papier de Chine** ; le portrait de
> l'auteur s'y trouve en épreuve AVANT toutes lettres.
> Au verso du portrait, cet envoi autographe :
> *à Sarah Bernhardt Damala,*
> *à la très grande, à la très belle, à la très chère !*
> *Son ami reconnaissant*
> CATULLE MENDÈS.

348. MENDÈS (Catulle). Poésies. Tome premier. *Paris, Charpentier
et Fasquelle,* 1892. — Poésies nouvelles. *Ibid., id.,* 1872. Ens. 2 vol.
in-12, brochés.

> EDITION ORIGINALE du second recueil.
> Chaque volume est orné d'un portrait différent de Mendès, gravés à
> l'eau-forte par *F. Desmoulin.*
> *Hommage autographe* de l'auteur à Mme Sarah Bernhardt sur le faux titre
> des *Poésies nouvelles* (le premier plat de la couverture fait défaut).
> On y a joint : CATULLE MENDÈS (Mme Jane). La Prière sur l'Enfant mort.
> *Paris, Lemerre,* 1921, in-12, broché. Edit. orig. de ce livre écrit par
> Mme Catulle Mendès à la mémoire de son fils unique mort pour la France
> en 1917 (*envoi autogr.* à Mme Sarah Bernhardt).

349. MENDÈS (Catulle). Les Braises du cendrier. Nouvelles poésies.
Paris, Fasquelle, 1900, in-12, cartonn. à recouvr. vélin blanc, dos
orné et chiffre, têt. dor., non rogné, couverture (*Franz*).

> EDITION ORIGINALE.
> Exemplaire offert à Mme Sarah Bernhardt par *un envoi autographe* de
> l'auteur, avec son « admiration de toujours ».

350. MENDÈS (Mme Jane Catulle). Le Cœur magnifique. *Paris, Lemerre,*
1909, in-12, cartonn. demi-vélin blanc, dos orné et chiffre, non
rogné, couverture (*Franz*).

> EDITION ORIGINALE
> Sur le faux titre, cet envoi autographe :
> *Vous êtes le portrait de tout ce qu'on espère*
> *de tout ce qui apaise,*
> *De tout ce qui console,*
> *Vous êtes le Rêve*
> *et l'Amie*
> JANE CATULLE MENDÈS.

351. MISTRAL (Frédéric). Nerte, nouvelle provençale, avec la traduction française en regard. *Paris, Hachette et Cie, 1884, pet. in-8,* demi-rel. vélin blanc, dos orné et chiffre, non rogné (*Franz*).

> ÉDITION ORIGINALE.
> Le faux titre porte cet envoi autographe :
>> *A Sarah Bernhardt*
>> *hommage*
>> *d'admiration émue*
>>> F. MISTRAL.

352. MITHOUARD (Adrien). Les Impossibles noces. Les Deux foules. La Conquête de l'Aube. *Paris, Mercure de France, 1896, in-12,* broché.

> ÉDITION ORIGINALE.
> Un des **10** exemplaires imprimés sur **papier du Japon**.
> Cet hommage autographe sur le feuillet de garde :
>> *A Madame Sarah Bernhardt*
>> « *Car la beauté des vers s'accomplit sur vos lèvres !* »
>> *Hommage*
>>> ADRIEN MITHOUARD.

353. MONTESQUIOU (Cte Robert de). Le Chef des Odeurs suaves. *S. l. (Paris, Richard), 1893, pet. in-4,* mar. blanc rosé, composition mosaïquée et sertie à froid sur le premier plat comprenant un large bord de mar. gris, un double rang de fil. de mar. olive encadrant des iris et des nénuphars, dos mosaïqué, doublé et gardes de moire crème, doubles gardes, tr. dor. sur témoins, couverture, étui (*Ch. Meunier*).

> ÉDITION ORIGINALE, tirée pour l'auteur à 200 exemplaires imprimés sur papier vergé et non mis dans le commerce.
> Sur le feuillet de garde, cet envoi autographe :
>> *A la Reine des Chants Suaves,*
>> *à Sarah Bernhardt*
>> *Le Chef des Odeurs Suaves !*
>>> R. M.
>>> *Mars 1893.*

354. MONTESQUIOU (Cte Robert de). Le Parcours du Rêve au Souvenir. Avec un avant-propos de José-Maria de Heredia. *Paris, Charpentier et Fasquelle, 1895, in-12,* demi-rel. mar. blanc, fil., dos orné, avec au bas le chiffre S. B., têt. dor., non rogné (*Franz*).

> ÉDITION ORIGINALE.

Un des **20** exemplaires imprimés sur **papier de Hollande** portant sur le faux titre l'envoi autographe de l'auteur :

A
Ma chère et Grande amie
Sarah Bernhardt
(*avec la dédicace de* Molen)
hommage de toujours.

Molen, seconde division du recueil, contenant XLVI poèmes, est dédié dans son ensemble à Mme Sarah Bernhardt ; le premier sonnet *Dédicace* est spécialement consacré à sa gloire.

L'auteur a joint à l'exemplaire **un sonnet autographe inédit** « Melpomène », par lequel il évoque les ombres poétiques que la grande actrice a incarnées, et termine ainsi :

Toujours, celle qui fut, et demeure, et sera.

« Tous ces mythes : Tosca, Marguerite, Ophélie, Andromaque, Adrienne, Alcmène, Cordélie, c'est Elle, l'innombrable et l'unique Sara ! »

355. **MONTESQUIOU** (Cte Robert de). Les Hortensias bleus. *Paris, Charpentier et Fasquelle,* 1896, in-12, mar. blanc, le premier plat mosaïqué à froid d'une large bordure de mar. gris souligné d'un fil. de mar. brun, et d'un décor stylisé d'hortensias bleus, éclairé du point rouge d'une coccinelle, dos mosaïqué d'hortensias, doublé et gardes de moire crème, doubles gardes, tr. dor. sur témoins, couverture, étui (*Ch. Meunier*).

EDITION ORIGINALE.
Un des **10** exemplaires imprimés sur **papier du Japon**, offert par cet envoi autographe de l'auteur sur le faux titre :

à Elle
l'innombrable et l'unique
Sarah !
avec l'hommage du Sonnet
CLI
et de mon enthousiasme
« délyrant » pour Sa Grâce
au juste rapport de M. de Goncourt
Avec surtout mon invariable
et invulnérable attachement.
ROBERT DE MONTESQUIOU.

356. **MONTESQUIOU** (Cte Robert de). Les Perles Rouges, 93 sonnets avec quatre eaux-fortes inédites de Albert Besnard. *Paris, Fasquelle,* 1899, in-4, cartonn. vélin blanc, 3 fil. dor., dos orné et chiffré, têt. dor., non rogné, couverture (*Franz*).

Edition de luxe publiée peu après l'originale et tirée à 160 exemplaires ;

celui-ci est imprimé sur papier vélin de cuve et porte l'hommage autographe suivant couvrant la feuille de garde

à

Hamlet-Bernhardt
Son pour toujours
admirateur
et affectionné

Robert de Montesquiou
Juin 1899.

L'auteur a de plus remplacé la numérotation de l'exemplaire par cette
mention autographe : [Exemplaire N°]   *de privilège*
et de prédilection.

357. MONTESQUIOU (Cte Robert de). Les Paons. *Paris, Fasquelle,*
1901, in-12, cartonn. à recouvr., vélin blanc, fil., dos orné et chiffre,
têt. dor., non rogné, couverture (*Franz*).

> Edition originale.
> Sur le faux titre, envoi autographe de l'auteur :

A ma Grande
et Illustre Amie
Sarah
Bernhardt
avec l'hommage
des poèmes XXV
et suivants

Robert de Montesquiou.

> (Les poèmes XXV à XXVIII de ce recueil sont groupés sous le titre :
> *Vers pour Sarah Bernhardt* et comprennent : Belle-Isle-en-art. — Bouquet de
> Fête. — *De Corona.* — Reviviscence.)

358. MONTESQUIOU (Cte Robert de). Les Offrandes blessées, élégies
guerrières. Troisième édition. *Paris, Sunsot,* 1915, in-12, frontisp.,
dos et coins de mar. grenat, tête dor., ébarbé (*Couvert.*).

> Sur un feuillet de garde :

A
Sarah Bernardht (sic)
en « offrande » passée
présente et future.

Robert de Montesquiou.

359. MOUREY (Gabriel). Flammes mortes. *Paris, Dalou,* 1888, in-12,
broché.

> Edition originale.
> Sur la feuille de garde, long envoi autographe de l'auteur :
> *A Madame Sarah Bernhardt, à la grande magicienne dont l'enchantement*
> *demeure, à Celle par qui ressuscitent les chefs-d'œuvre, et dont le nom vivra dans*
> *les mémoires humaines...*

360. NIBOR (Yann), anagramme de M. Albert Robin. Chansons et récits de mer, illustrés par Léon Couturier. Préface de Pierre Loti. *Paris, Flammarion, s. d.* (1893), in-12, mar. bleu outremer, chiffre S. B. mosaïqué en orange et or au centre du premier plat, ancres dans les angles, dos orné d'ancres et d'étoiles, dent. int., têt. dor., non rogné, couverture (*Vauthrin*).

> EDITION ORIGINALE ; musique et vignettes dans le texte.
> Un des **30** exemplaires imprimés sur **papier du Japon**, offert par un envoi autographe de 9 lignes sur le feuillet de garde.
>
> *A la grande et excellente Sarah Bernhardt .... hommage d'admiration et de sincère reconnaissance de son tout dévoué matelot.*
>
> YANN NIBOR.
>
> L'auteur a joint à l'exemplaire **2 pièces de vers autographes** non reproduites dans le recueil : *Le Petit Noël*, scène bretonne à trois personnages, et *La Chanson de Gaud*, dans laquelle Yann et Gaud sont les propres héros de *Pêcheur d'Islande*.

361. NOAILLES (Comtesse Mathieu de). Les Eblouissements. *Paris, Calmann-Lévy, s. d.* (1907), in-12, mar. blanc rosé, 3 fil. dor., dos orné et chiffre, dent. int., têt. dor., non rogné, couverture, étui (*Franz*).

> EDITION ORIGINALE.
> Un des **15** exemplaires imprimés sur **papier de Chine**, offert par cette belle dédicace autographe de l'auteur :
>
> *A Madame Sarah Bernhardt*
> *au grand flambeau lyrique,*
> *à la déesse « Voix » en qui*
> *les Poètes ressuscitent ; — en*
> *profonde admiration.*
>
> ANNA DE NOAILLES.

362. NOAILLES (Comtesse Mathieu de). Les Eblouissements. *Paris, Calmann-Lévy, s. d.* (1907), in-12, broché.

> EDITION ORIGINALE.
> Le faux titre porte cet envoi autographe :
>
> *A Madame*
> *Sarah Bernhardt*
> *hommage*
> *de ma*
> *profonde*
> *admiration.*
>
> ANNA DE NOAILLES.
>
> L'exemplaire, débroché, est incomplet du premier plat et d'une partie du dos de la couverture.

363. NOAILLES (Comtesse Mathieu de). Les Forces éternelles. *Paris, Fayard et Cie, 1920, in-12, broché.*

> EDITION ORIGINALE.
> Sur le faux titre, cet envoi autographe :
>
> *A Madame*
> *Sarah Bernhardt*
> *au Génie,*
> *témoignage*
> *de mon immense*
> *admiration.*
>
> A. DE NOAILLES.
>
> Couverture très fatiguée.

364. NORMAND (Jacques). Soleils d'hiver (notes d'un parisien en Provence). *Paris, Lemerre, 1897, in-12, broché.*

> EDITION ORIGINALE.
> *Hommage autographe de l'auteur à Mme Sarah Bernhardt.*

365. PORTO-RICHE (Georges de). Bonheur manqué. Carnet d'un amoureux. *Paris, Ollendorff, 1889, pet. in-16, cartonn. demi-vélin blanc, dos orné et chiffre, non rogné (Franz).*

> L'exemplaire porte cet envoi autographe sur le faux titre :
>
> *A Madame Sarah Bernhardt*
> *Témoignage de respectueuse*
> *et sincère amitié.*
>
> G. DE PORTO-RICHE.

366. PORTO-RICHE (Georges de). Bonheur manqué. *Paris, Ollendorff, 1903, in-16, broché.*

> Nouvelle édition à laquelle l'auteur a apporté quelques changements.
> Envoi autographe sur la couverture :
>
> *A Sarah Bernhardt*
> *En souvenir de beaucoup*
> *d'années d'amitié.*
>
> G. DE PORTO-RICHE.

367. PLESSIS (Pierre). La Voie lactée, poésies diverses. *Paris, Edition des « Lectures », 1906, in-12, dos et coins de mar. vert, chiffre* S. B. sur le premier plat, tête dor., non rogné, étui.

> EDITION ORIGINALE.
> *Envoi autographe* de l'auteur à Mme Sarah Bernhardt sur un feuillet de garde.

7

368. RICHEPIN (Jean). Les Blasphèmes. Avec un portrait de l'auteur par E. de Liphart. *Paris, Maurice Dreyfous,* 1884, in-4, mar. rouge, fil., dos orné portant au bas *Exemplaire de Sarah Bernhardt,* dent. int., doubles gardes, têt. dor., non rogné.

> EDITION ORIGINALE. Triple épreuve du portrait : sur Japon, sur Chine et sur peau de vélin.
>
> Exemplaire sur **papier du Japon** imprimé spécialement et offert par cet envoi autographe sur le feuillet de garde :
>
> *A Sarah Bernhardt*
> *A. S. J. T. I. J.*
> *Samedi, 3 mai 1884*
> *très-respectueusement.*
> JEAN RICHEPIN.

369. RICHEPIN (Jean). Les Blasphèmes. Avec un portrait de l'auteur par E. de Liphart. *Paris, M. Dreyfous,* 1884, in-4, demi-rel. mar. rouge, têt. dor., non rogné (*Franz*).

> EDITION ORIGINALE.
> La reliure porte au dos le chiffre de Mme Sarah Bernhardt.

370. RICHEPIN (Jean). Les Blasphèmes. *Paris, Dreyfous,* 1884, in-12, mar. La Vall., compart. de fil. droits ou brisés aux angles, dos orné et chiffre, dent. int., doubles gardes, têt. dor., non rogné (*Pierson*).

> Première édition de format in-12.
> Exemplaire imprimé sur **papier jaune foncé** ; unique.

371. RICHEPIN (Jean). La Chanson des Gueux. *Paris, M. Dreyfous,* 1885, in-4, mar. rouge, fil., dos orné portant au bas : *Exemplaire de Sarah Bernhardt,* dent. int., tête dor., doubles gardes, non rogné (*Pierson*).

> Exemplaire imprimé sur **papier du Japon,** au nom de Mme Sarah Bernhardt ; il renferme les *pièces supprimées* publiées à Bruxelles dans le format de cette édition avec un portrait de l'auteur gravé à l'eau-forte par *Henri Lefort,* tirées sur Japon.

372. **RICHEPIN** (Jean). La Mer. *Paris, Maurice Dreyfous,* 1886, in-4, mar. La Vall., 3 fil. dor., dos orné, portant au bas : *Exemplaire de Sarah Bernhardt,* dent. int., doubles gardes, tête dor., non rogné (*Pierson*).

> EDITION ORIGINALE.
> Exemplaire sur **papier du Japon** imprimé pour Mme Sarah Bernhardt.
> Charles Jouas a décoré cet exemplaire de **36 aquarelles originales** ; ces

compositions, d'une touche large et énergique sont en accord parfait avec le verbe du poète. Éludant les décors aimables et fleuris souvent choisis en marge des livres, Charles Jouas a rendu dans la vérité l'eau glauque et les brouillards marins, le creux sombre de la vague, les algues et les pierres glissantes du bord.

373. RICHEPIN (Jean). Mes Paradis. Avec un portrait à l'eau-forte par F. Desmoulin. *Paris, Charpentier et Fasquelle,* 1894, in-4, mar. rouge, fil., dos orné portant au bas : *Exemplaire de Sarah Bernhardt,* dent. int., doubles gardes, tête dor., non rogné (*Pierson*).

> Edition originale dont il a été fait un tirage de luxe à 400 exemplaires in-4, ornés d'un portrait.
> Un des 10 exemplaires imprimés sur papier du Japon renfermant le portrait en deux états.
> Au-dessus du faux titre : *Mes Paradis,* Jean Richepin a improvisé *un sixain autographe* assurément inédit.

374. RICHET (Charles). Pour les Grands et les Petits, fables. Préface de M. Sully Prudhomme. *Paris, Librairies-Imprimeries réunies,* 1891, in-4, cartonn. toile rouge, titre en lettres dor. sur le premier plat, non rogné (*Cartonn. des éditeurs*).

> Edition originale, tirée à 300 exemplaires numérotés ; celui-ci a été offert à Mme Sarah Bernhardt par *un hommage autographe* de l'auteur.

375. ROHAN (Duchesse de). Les Lucioles. *Paris, Calmann-Lévy, s. d.* (1907). — Souffles d'Océan. *Ibid., id.,* 1911. — Ens. 2 vol. in-12, brochés.

> Edition originale du second de ces recueils de poésies.
> Chaque volume porte *un envoi autographe* de Mme la duchesse de Rohan « à l'Incomparable », « à la grandissime Sarah Bernhardt ».

376. ROLLINAT (Maurice). Paysages et Paysans. *Paris, Fasquelle,* 1899, in-12, broché.

> Edition originale.
> Cet envoi autographe sur le feuillet de garde :
>
>> *A Sarah Bernhardt*
>>> *hommage de bien affectueuse*
>>> *reconnaissance*
>>>> MAURICE ROLLINAT.

377. ROSTAND (Edmond). Un Soir à Hernani — 26 février 1902 —. *Paris, Fasquelle,* 1902, in-12, tiré de format petit in-4, cartonn. à

recouvr. vélin blanc, fil., dos orné et chiffre, tête dor., non rogné (*Franz*).

EDITION ORIGINALE.
Exemplaire sur **papier de Japon**, spécialement imprimé pour Mme Sarah Bernhardt.

378. ROSTAND (Edmond). Un Soir à Hernani. *Paris, Fasquelle,* 1902, in-12, broché.

EDITION ORIGINALE.

379. ROSTAND (Edmond). Le Verger. 21 avril, 1903. (A la fin :) (*Paris*), *Fasquelle,* plaquette in-8 de 4 pages, brochée, sous une couverture illustrée par Binet.

Belle pièce de vers composée par Edmond Rostand « pour mon ami Coquelin et la maison des comédiens », dite le 21 avril 1903, au cours de la représentation de gala, donnée au Trocadéro, au bénéfice de la maison de retraite des artistes dramatiques.
EDITION ORIGINALE, imprimée sur papier de Hollande teinté.

380. ROSTAND (Edmond). Le Vol de la Marseillaise. *Paris, Fasquelle,* 1919, in-12, mar. blanc, 4 fil. dor., dos orné de compart. de fil., le dernier portant le monogramme S. B. ; à l'int. encadr. de dent., doubl. et gardes de faille moirée rouge foncée, doubles gardes, tête dor., non rogné, couverture, étui (*Franz*).

EDITION ORIGINALE.
Un des **100** exemplaires sur **papier Japon ancien**, numérotés ; celui-ci porte de plus la mention « Imprimé spécialement pour Mme Sarah Bernhardt ».

381. ROSTAND (Edmond). Le Cantique de l'aile. *Paris, Fasquelle,* 1922, in-12, broché.

EDITION ORIGINALE.
Exemplaire sur **papier impérial du Japon** imprimé spécialement pour Mme Sarah Bernhardt.

382. SÉCHÉ (Alphonse). Quatre poèmes pour la France. (*Paris*), 1916, gr. in-4, en feuilles, sous la couverture.

EDITION ORIGINALE.
Un des 125 exemplaires imprimés sur papier vergé.
Hommage autographe de l'auteur à Mme Sarah Bernhardt ; le second poème. *La Mère des sept douleurs,* lui est dédié.

383. SILVESTRE (Armand). Poésies. 1866-1874. Les Amours — La
Vie — L'Amour. *Paris, Charpentier et Cie*, 1875, in-12, demi-chag.
rouge, tête dor., non rogné (*Rel. de l'époque*).

> EDITION EN PARTIE ORIGINALE, avec la préface de George Sand pour les
> *Rimes neuves et vieilles*, augmentée d'un post-scriptum.
> La feuille de garde porte cet envoi autographe :
>
> *A Mademoiselle Sarah Bernhardt,*
> *J'offre très respectueusement et en témoignage d'admiration*
> *profonde, cet exemplaire* — le mien
>
> ARMAND SILVESTRE.
>
> *26 Août 1877.*
> Initiales S. B. ajoutées au dos de la reliure.

384. SILVESTRE (Armand). Roses d'Octobre, poésies. 1884-1889.
Paris, Charpentier et Cie, 1890. — Les Tendresses, poésies nouvelles,
1895-1898. *Fasquelle*, 1898. — Ens. 2 vol. in-12, brochés.

> EDITION ORIGINALE pour *Les Roses d'Octobre*.
> Ce volume porte sur le faux titre *deux strophes autographes inédites*
> d'Armand Silvestre, composées en l'honneur de Mme Sarah Bernhardt, sui-
> vies de l'envoi de ce « premier exemplaire ».
> Sans la couverture. Titre remis au crayon sur la feuille de garde de la
> main de Mme Sarah Bernhardt.

385. SULLY PRUDHOMME. Stances et poëmes (1865-1866). — Les
Epreuves. Les Ecuries d'Augias. Croquis italiens. La Solitude. Impressions de guerre (1866-1872). *Paris, Lemerre*, 1872, 2 vol. pet.
in-12, portrait, dos et coins mar. La Vall., initiales S. B. frappées sur
les dos, têt. dor., non rognés (*Gruel*).

> Ces lignes autographes sur chaque volume :
>
> *A Mademoiselle Sarah Bernhardt*
> *Témoignage d'admiration et*
> *de respect*
>
> SULLY PRUDHOMME.

386. SULLY PRUDHOMME. Stances et poëmes (1865-1866). *Paris,
Lemerre*, 1872. — THEURIET (André). Poésies. 1860-1874. Le
Chemin des bois. Le Bleu et le Noir. *Ibid., id.*, 1879. — Ens. 2 vol. pet.
in-12, portraits, demi-mar. blanc, fil., dos ornés et chiffre, têt. dor.,
non rognés (*Franz*).

> Les poésies d'André Theuriet portent cet hommage autographe de
> l'auteur :
>
> *A Sarah Bernhardt*
> *son admirateur fervent*
> *et son ami reconnaissant*
> ANDRÉ THEURIET.

387. TAILHADE (Laurent). Vitraux. *Paris, Lemerre,* 1894, pet. in-12, broché.

> Première édition de ce format.
> Sur le faux titre, *hommage autographe* « d'enthousiaste et fidèle amitié » de l'auteur à Mme Sarah Bernhardt.

388. TAILHADE (Laurent). Vitraux. *Paris, Lemerre,* 1894, pet. in-12, cartonn. demi-vélin blanc, dos orné et chiffre, non rogné (*Franz*).

> Même édition.
> Ces lignes autographes sur le faux titre :
>
> > *à Sarah Bernardt* (sic)
> > *en hommage d'admiration*
> > *de gratitude et d'amitié*
> >
> > LAURENT TAILHADE.

389. TALLEYRAND-PÉRIGORD, duc de Dino (Maurice de). Au Pays du Silence. *Paris, Nouvelle Revue,* 1895, in-8, cartonn. dos de vélin blanc, chiffre S. B. sur le dos, ébarbé, couverture (*Franz*).

> *Envoi autographe* de l'auteur sur le faux titre.

390. TRARIEUX (Gabriel). Le Portique. *Paris, Cahiers de la Quinzaine,* 24 oct. 1909, in-12, broché.

> EDITION ORIGINALE.
> *Hommage autographe* « de reconnaissance, d'admiration — et d'espoir » de l'auteur à Mme Sarah Bernhardt.

391. VERVOORT (Hélène). Poèmes couleur d'aurore. Préface de Mme Edmond Rostand. *Paris, Chiberre,* 1922, gr. in-16, broché.

> EDITION ORIGINALE, dont la préface est une gracieuse pièce de vers par Mme Edmond Rostand.
> *Joli et long envoi autographe* de l'auteur à Mme Sarah Bernhardt couvrant tout le faux titre.

392. ZAMACOÏS (Miguel). L'Arche de Noé (croquis par l'auteur). *Paris, Librairie théâtrale,* 1911. — L'Ineffaçable. La Grande guerre. *Fasquelle,* 1916. — Ens. 2 vol. pet. in-8 et in-12, brochés.

> EDITIONS ORIGINALES.
> *Hommage autographe* de l'auteur à Mme Sarah Bernhardt sur chaque volume.

b. — Poètes étrangers.

393. ANNUNZIO (Gabriele d'). Poesie. Canto novo intermezzo (1881-1883). Editione definitiva. *Milano, Fratelli Treves*, 1896, in-16, mar. blanc, décor de chardons mosaïqués à froid en diagonale sur le premier plat dans un encadr. de mar. mauve, le tout serti à froid, dos orné, doublé et gardes de moire crème, doubles gardes, tr. dor. sur témoins, couverture, étui (*Ch. Meunier*).

> Sur le faux titre :
>
> *à Madame Sarah Bernhardt*
> *en témoignage d'une*
> *profonde reconnaissance.*
> Gabriel d'Annunzio.

394. ANNUNZIO (Gabriele d'). Le Canzoni della gesta d'oltremare. *Fratelli Treves, editori in Milano*, 1912, gr. in-16, vélin à recouvr. (*Rel. des éditeurs*).

> Seconde édition ; la première fut interdite.
> Le faux titre porte cet envoi autographe :
>
> *A la grande Sarah*
> *— à la Guerrière*
> *et à l'Annonciatrice —*
> *ces chansons de guerre*
> *et d'annonciation.*
> Gabriele d'Annunzio.
>
> L'exemplaire est malheureusement en très mauvais état.

395. BRAUN (Thomas). L'An, poëmes, 1897. *Bruxelles, Lyon-Claesen*, 1897, album in-4 carré, broché.

> Poèmes illustrés de 16 lithographies en couleurs, d'après les dessins de *Franz-M. Melchers*.
> *Hommage autographe* de Franz-M. Melchers à Mme Sarah Bernhardt.

396. BURNS (Tom). Clydeside Musings. *Glasgow, The Globe Song publishing Coy*, 1912, in-12, cartonn. toile rouge, titre et vignette en noir (*Cartonn. de l'éditeur*).

> Cet hommage autographe au verso de la dédicace imprimée :
>
> *Presented to Madame Sarah Bernhardt*
> *As a mark of Respect*
> *and Esteem*
> *by the author.*
> Tom Burns.

397. FRÉCHETTE (Louis). La Légende d'un peuple. Avec une préface de Jules Claretie. *Paris, à la Librairie illustrée, s. d.* (1887), in-8, demi-vélin blanc, dos orné et chiffre, non rogné *(Franz)*.

Edition originale de ces récits épiques consacrés par un grand poète canadien, Louis Fréchette, à l'histoire de la colonisation des terres canadiennes par la France, et des luttes glorieuses des soldats de Montcalm contre les Anglais.

Le feuillet de garde porte l'envoi autographe suivant :

> *A Sarah Bernhardt*
> *la sublime interprète de tant de*
> *chefs-d'œuvre, quelques vers*
> *chargés de lui rappeler un*
> *pays où elle est aussi aimée*
> *qu'admirée.*
> Louis Fréchette.
> *Montréal (Canada)*
> *9 avril 91.*

398. FRÉCHETTE (Louis). Feuilles volantes. Poésies canadiennes. *Montréal, Granger et frères,* 1891, in-8, demi-rel. mar. blanc, dos orné et chiffre, non rogné *(Franz)*.

Edition originale.
Bel envoi autographe de l'auteur à Mme Sarah Bernhardt sur le faux titre.

399. KENDALL BANNING. Mon ami Pierrot, songs and fantasies, compiled by Kendall Banning. *Chicago, Brothers of the Book,* 1917, in-12, cartonn. papier orange semé de points dor., non rogné.

Edition imprimée sur papier de Hollande.
Hommage autographe à Mme Sarah Bernhardt.

400. LONGFELLOW. Evangéline, de Longfellow ; traduction en vers français par A. Bollaert. *New-York, chez les principaux libraires,* 1911, pet. in-8. rel. souple en velours bleu, titre en lettres dor. sur le premier plat ; ébarbé.

Edition originale de cette traduction en vers français. Le poème d'*Evangéline*, le premier que Longfellow ait consacré au Nouveau-Monde, avait été publié en 1847 ; c'est le récit de la dispersion par un gouverneur anglais, Lawrence, de la nation acadienne qui, en 1755, préféra la ruine et l'exil plutôt que de prêter le serment d'allégeance imposé par l'Angleterre.

Hommage autographe du traducteur à Mme Sarah Bernhardt, et sonnet de louange ajouté, découpé dans le *Courrier des États-Unis* du 18 mai 1913 où il avait été publié.

401. TOLLEMACHE-SINCLAIR (Sir J. G.). Larmes et Sourires, poésies originales et traduites des chefs-d'œuvre de la poésie anglaise. *Paris, Imprimé pour l'auteur par Chaix et Cie, 1912,* fort vol. in-8 en hauteur, broché.

Curieuse compilation ornée de nombreuses reproductions hors texte d'objets d'art et de portraits appartenant à Sir Tollemache-Sinclair.

402. UN RAYON DE LUMIÈRE. *Florence, Imprimerie Pineider,* 1885, pet. in-8, cartonn. papier marb., tr. rouges, sous un couvre-livre soie blanche brochée de fleurs et feuillages de couleurs, orné d'un galon sur les bords.

Recueil anonyme de poésies offert à Mme Sarah Bernhardt avec une longue pièce de vers autographe, écrite au recto et au verso du feuillet de garde, et signée de *Circello* (?).

403. WHEELER (Ella). Poems of passion. *Chicago, W. B. Conkey,* in-12, dos et coins veau fauve, dos orné, têt. dor., non rogné.

EDITION ORIGINALE ; portrait de l'auteur.
Hommage autographe de Mme Ella Wheeler Nilcot à Mme Sarah Bernhardt.

404. WILDE (Oscar). Poems. 1892. *London, Elkin Mathews and John Lane,* in-12, cartonn. toile beige, décor de tulipes stylisées tiré en or sur les plats et le dos, têt. dor., non rogné (*Cartonn. des éditeurs*).

Jolie édition tirée à 220 exemplaires sur papier de Hollande signés de l'auteur, dont 200 ont été mis dans le commerce.
Exemplaire n° 10 offert par cet exquis hommage autographe du poète :

A Sarah Bernhardt
Hommage
d'Oscar Wilde

Comme la
Princesse Salomé
est belle ce soir !
Londres,
92.

2. — ROMANS, CONTES ET NOUVELLES, OUVRAGES DIVERS.

a. — **Auteurs français.**

405. AICARD (Jean). Un Bandit à la française. Gaspard de Besse, raconté aux Poilus de France. — Le Fameux chevalier Gaspard de Besse. Ses dernières aventures. *Paris, Flammarion,* 1919, 2 vol. in-12, brochés.

> Éditions originales.
> *Hommage autographe* de l'auteur à Mme Sarah Bernhardt, à chaque volume.

406. BARBOSA (Ruy). Anatole France. Discours à l'Académie Brésilienne, le 17 mai 1909. *Rio de Janeiro, Imprimerie Nationale,* 1909, plaquette in-4 de 32 pages, brochée.

> Édition originale de ce curieux discours littéraire prononcé en l'honneur d'Anatole France durant son passage au Brésil.
> *Hommage autographe* à Mme Sarah Bernhardt.

407. BÉDIER (Joseph). Le Roman de Tristan et d'Yseut, renouvelé par Joseph Bédier. Préface de Gaston Paris. Ouvrage couronné par l'Académie française. *Paris, Piazza et Cie, s. d.,* pet. in-12, mar. de Tanger vert foncé, milieux ornés, dos orné, dent. int., tr. rouges, couvertures (*étui*).

> Le faux titre porte *un hommage autographe* « de reconnaissance et d'admiration » de Joseph Bédier à Mme Sarah Bernhardt.

408. BELLARD (Alex.). Carnet de Georges et Marguerite. *Paris, Bureaux du « Select »,* 1897, in-12, demi-mar. brun, fil., dos orné, têt. dor., non rogné.

> Édition originale.
> Le faux titre porte l'humble hommage autographe « de l'auteur qui a osé prononcer le nom glorieux de Mme la Directrice de la Renaissance dans le « Carnet de Georges et Marguerite. »

409. CANTEL (J.). La Reine Cléopâtre. Préface de Anatole France.

Paris, L'Édition moderne, s. d., pet. in-8, frontisp. et ornements dans le texte, broché.

> Edition originale de la préface d'Anatole France.
> *Long et enthousiaste envoi autographe de* l'auteur à Mme Sarah Bernhardt.

410. CASE (Jules). La Fille à Blanchard. *Paris, Victor-Havard,* 1886, in-12, mar. vieux bleu jans., dos mosaïqué de fleurettes rouges et frappé au bas des initiales S. B., encadr. de dent. à l'int., doublé et gardes de soie moirée bleu pâle, tête bleue ciselée d'étoiles dor., non rogné.

> Edition originale.
> Exemplaire imprimé sur **papier de Hollande,** portant sur le faux titre cet envoi autographe :
>
>> *A Madame Sarah Bernhardt,*
>>> *à qui cette modeste histoire devra*
>>> *d'avoir fait le tour du monde,*
>>> *avec la profonde admiration*
>>> *de l'auteur*
>>>> Jules Case.

411. CLADEL (Léon). OEuvres. Titi Foÿssac IV, dit la République et la Chrétienté. — N'a-qu'un-œil. *Paris, Lemerre,* 1886-1887, 2 vol. pet. in-12, dos et coins mar. La Vall., initiales S. B. sur les dos, têt. dor., ébarbés.

> Chaque volume porte un envoi autographe ; le second : « *A mon illustre amie Madame Sarah Bernhardt* » et le premier :
>
>> *A Sarah Bernhardt*
>> *ce livre pur qui ne l'offensera*
>> *pas comme Mi-Diable*
>> *Et la troublera… peut-être*
>> *28 8bre 1887, de l'Enfer*
>>> L. Cladel.

412. DAUDET (Léon). Le Poignard dans le dos. Notes sur l'affaire Malvy. *Paris, Nouvelle Librairie nationale,* 1918, in-12, broché.

> Edition originale.
> Sur le faux titre cet envoi autographe :
>
>> *A la grande artiste de la Patrie,*
>> *à la Phèdre du divin Racine,*
>> *à Madame Sarah Bernhardt,*
>> *Hommage de respectueuse*
>> *et profonde admiration*
>>> Léon Daudet,
>>>> *Décembre 1918.*

413. DELARUE-MARDRUS (Mme Lucie). L'Ame aux trois visages. *Paris, Fasquelle,* 1919. — L'Apparition. *Paris, Ferenczi, s. d.* (1921). Ens. 2 vol. in-12, brochés.

Édition originale du second volume.
Hommage autographe de plusieurs lignes de l'auteur à Mme Sarah Bernhardt sur chaque volume.

414. DU BOIS (Cte Albert). L'Amant légal, mœurs spartiates. Illustrations de F. Schmidt. *Paris, Borel,* 1901, in-18, format allongé, mar. rose, décor de rinceaux et rocailles disposé dans l'angle gauche, fil., initiales S. B. au bas du premier plat : à l'int., encadr. de dent., doublé et gardes de moire vert pâle, têt. dor., non rogné (*Couvert.*).

Édition originale.
Un des quelques exemplaires imprimés sur **papier de Chine** (n° 10), offert à Mme Sarah Bernhardt avec *le respectueux hommage autographe* de l'auteur.

415. DU BOIS (Cte Albert). L'Amant légal, mœurs spartiates. Illustrations de F. Schmidt. *Paris, Borel,* 1901, in-18, broché.

Édition originale.
Exemplaire imprimé sur **papier du Japon**, offert à Mme Sarah Bernhardt par *un hommage autographe* de l'auteur, sur la couverture.

416. GAUTIER (Judith). Le Paravent de soie et d'or. Ouvrage orné de nombreuses illustrations en couleurs. *Paris, Fasquelle,* 1904, in-8, broché.

Édition originale.
Hommage autographe de l'auteur à Mme Sarah Bernhardt.
Le volume est débroché.

417. GYP [Comtesse de Martel]. Joies d'amour. *Paris, Calmann Lévy,* 1897, in-12, cartonn. souple mar. bleu clair, non rogné, couverture (*Cartonn. des éditeurs*).

Édition originale.
En travers du faux titre, de sa forte écriture violette, cet envoi autographe de l'auteur :

> *à*
> *Madame*
> *Sarah Bernhardt*
> *son admirateur*
> *et ami*
>
> Gyp.

418. GYP [Comtesse de Martel]. Mon Ami Pierrot. *Paris, Calmann-Lévy*, 1921. — Souricette. *Ibid., id.*, 1922. — Ens. 2 vol. in-12, brochés.

ÉDITIONS ORIGINALES.
Hommages autographes de l'auteur, dont celui-ci sur le premier volume :
A Madame Sarah Bernhardt,
très admiratif
et affectueux hommage
de GYP,
avril 1921.
(*Ne l'ouvrez pas...*)

419. HALÉVY (Ludovic). La Famille Cardinal. *Paris, Calmann Lévy*, 1883, gr. in-16, papier vergé, cartonn. demi-vélin blanc, dos orné et chiffre, non rogné (*Franz*).

De la *Collection Calmann Lévy*.
Envoi autographe sur le faux titre :
A Sarah Bernhardt
en témoignage de mon amitié, de
mon admiration et de ma reconnaissance
LUDOVIC HALÉVY.

420. HARAUCOURT (Edmond). Les Ages. Daâh, le premier homme *Paris, Flammarion*, 1914, in-12, broché.

ÉDITION ORIGINALE.
Sur le faux titre cet hommage autographe :
A mon illustre amie
Sarah Bernhardt
ma pieuse admiration et ma tendresse
EDMOND HARAUCOURT.

421. HERDY (Luis d') [pseudonyme de Louis Didier]. L'Homme-Sirène. *Paris, Girard et Villerelle*, 1899, in-12, broché.

ÉDITION ORIGINALE, illustrée de 40 dessins dans le texte par *Henri Thomas*. Un des **20** exemplaires imprimés sur **papier Japon crème**, offert à Mme Sarah Bernhardt avec l'hommage « profondément admiratif » de l'auteur.

422. LANDRIN (Amélie). Jasette. Bobosse. Ma Voisine. La Petite Fine. *Paris, Dentu*, 1893, in-12, vélin blanc à recouvr., dos orné, têt. dor., non rogné (*Couvert.*).

ÉDITION ORIGINALE.
Les mots : *Hommage à Madame Sarah Bernhardt*, frappés en lettres dorées sur le premier plat de la reliure.

423. LAVEDAN (Henri). Les Yeux levés vers Jeanne d'Arc. *Paris, Librairie de l'Art catholique,* 1916, pet. in-16, broché.

> EDITION ORIGINALE.
> Cet envoi autographe sur le feuillet de garde :
>> *A Madame*
>> *Sarah Bernhardt*
>>> *En souvenir de son*
>>> *admirable incarnation*
>>> *de Jeanne d Arc*
>>>> *Son auteur et ami*
>>>> *reconnaissant*
>>>>> HENRI LAVEDAN.

424. LORRAIN (Jean). Buveurs d'âmes. *Paris, Charpentier et Fasquelle,* 1893, in-12, cartonn. demi-vélin blanc, dos orné et chiffre, non rogné (*Franz*).

> EDITION ORIGINALE.
> *Envoi autographe* de l'auteur offrant à Mme Sarah Bernhardt « ce livre qu'elle aimera ».

425. LORRAIN (Jean). Sensations et souvenirs. *Paris, Charpentier et Fasquelle,* 1895, in-12, mar. blanc, les plats ornés d'un semis de petites marguerites jaunes disposées dans un rectangle encadré d'un fil. de mar. brun, de feuillages laurés, de fil. et pointillé dor., dos orné ; à l'int., guirlande dor. sur bord. de mar., doublé et gardes de moire blanc crème, doubles gardes, tr. dor. sur témoins, couverture, étui (*Ch. Meunier*).

> EDITION ORIGINALE.
> Exemplaire imprimé sur **papier de Hollande**.
> En travers du faux titre, envoi autographe :
>> *à Madame Sarah Bernhardt,*
>> *à l'amie la plus chère et la plus sûre*
>> *que j'aie rencontrée, à l'être humain*
>> *le plus près de mon rêve et de mon cœur*
>>> *Son ami*
>>>> JEAN LORRAIN.

426. LORRAIN (Jean). Contes pour lire à la chandelle. *Paris, Mercure de France,* 1897, in-18, cartonn. demi-vélin blanc, dos orné et chiffre, têt. rouge, ébarbé (*Couvert.*).

> EDITION ORIGINALE.
> Envoi autographe de l'auteur :
>> « *A Madame Sarah Bernhardt*
>> *pour lire en route*
>>> *Son ami*
>>>> JEAN LORRAIN.

427. LORRAIN (Jean). Loreley. Illustrations de Calbet, Marold et Mittis. *Paris, Borel,* 1897, in-18 en hauteur, veau chamois clair, le premier plat orné d'un lotus et d'une petite effigie encastrée, dent. int., tr. dor., couverture (*Rel. souple de l'éditeur*).

ÉDITION ORIGINALE.

Exemplaire imprimé sur **papier bristol glacé**, peut-être unique, et renfermant **une double suite** des illustrations.

Offert à Mme Sarah Bernhardt par *un envoi autographe* de l'auteur écrit en travers du feuillet de garde.

428. LORRAIN (Jean). Ames d'automne. Illustrations de Heidbrinck. *Paris, Fasquelle,* 1898, in-16, cartonn. demi-vélin blanc, dos orné et chiffre, têt. rouge, non rogné (*Couvert.*).

ÉDITION ORIGINALE.

Exemplaire imprimé sur **papier gris vert**, offert par cet envoi autographe sur le faux titre :

> *à Madame Sarah*
> *Bernhardt*
>
> ces
> (Ames d'automne)
> *in memorian mortuorum,*
> *son lointain, oh*
> *si lointoin et presque*
> *crépusculaire ami.*
> *Que de choses en un an !*
> JEAN LORRAIN.

429. LORRAIN (Jean). Heures d'Afrique. *Paris, Fasquelle,* 1899, in-12, cartonn. demi-vélin blanc, dos orné et chiffre, têt. rouge, non rogné (*Couvert.*).

Exemplaire de l'ÉDITION ORIGINALE offert par cet envoi autographe :

> *à Madame Sarah Bernhardt*
> *ces lueurs d'Orient*
> *où il est deux fois parlé d'Elle*
> *à travers les cendres de l'oubli*
> *son lointain*
> *lointain*
> *lointain*
> ami
> JEAN LORRAIN.

(Les passages du volume relatifs à Mme Sarah Bernhardt se lisent pages 65 et 320, ce dernier mêlant à l'évocation de Tripoli le souvenir de la *Princesse lointaine,* de « la grâce onduleuse et la voix d'agonie, caresse et mélopée, de Mme Sarah Bernhardt ».)

430. **LOTI** (Pierre). Au Maroc. *Paris, Calmann Lévy,* 1890, in-12, mar. blanc crème, les plats couverts d'un semis d'anthémises mosaïquées, double encadr. d'un fil. de mar. brun et de rangs de fil. et pointillé dor., feuillages laurés, dos orné; à l'int., bord. de mar. ornée de guirlandes dor., doublé et gardes de moire crème, doubles gardes, tr. dor. sur témoins, couverture, étui (*Ch. Meunier*).

> Première édition en librairie.
> Exemplaire décoré par **Charles Jouas** de **72 aquarelles originales** ; ces jolies et fines compositions sont disposées en tête des chapitres, en culs-de-lampe, sur les titre et faux titre.
> Le feuillet de garde porte *un bel envoi autographe* de Pierre Loti à Mme Sarah Bernhardt.

431. LOTI (Pierre). Jérusalem. *Paris, Calmann Lévy,* 1895, in-12, cartonn. demi-vélin blanc, dos orné et chiffre, non rogné (*Franz*).

> Édition originale.
> *Hommage autographe* de l'auteur à Mme Sarah Bernhardt.

432. LOTI (Pierre), Le Désert. *Paris, Calmann Lévy,* 1895, in-12, cartonn. demi-vélin blanc, dos orné et chiffre, non rogné (*Franz*).

> Édition originale.
> *Hommage autographe* de l'auteur à Mme Sarah Bernhardt.

433. LOTI (Pierre). Les Trois Dames de la Kasbah. Illustrations directes d'après nature par Gervais-Courtellemont. *Paris, Calmann Lévy,* 1896, gr. in-16, mar. blanc, le premier plat encadré d'une large bord. de mar. gris et d'un fil. de mar. brun, avec, au centre, une touffe d'anthémises enlacée à laquelle s'enroule un serpent, dos orné, doublé et gardes de moire crème, doubles gardes, tr. dor. sur témoins, couverture, étui (*Ch. Meunier*).

> Jolie édition, imprimée sur papier vélin fort, donnée d'après l'édition pré-originale in-4°, publiée dans l'*Algérie artistique et pittoresque*, les photogravures étant réduites pour ce nouveau format.
> *Envoi autographe* de l'auteur à Mme Sarah Bernhardt.
> Jolie reliure.

434. LOTI (Pierre). La Galilée. *Paris, Calmann Lévy,* 1896, in-12, cartonn. demi-vélin blanc, dos orné et chiffre, non rogné (*Franz*).

> Édition originale.
> *Hommage autographe* de l'auteur à Mme Sarah Bernhardt.

435. LOTI (Pierre). Ramuntcho. *Paris, Calmann Lévy,* 1897, in-12, cartonn. demi-vélin blanc, dos orné et chiffre, non rogné.

>EDITION ORIGINALE.
>Sur le faux titre, ces lignes autographes :
>> *A Madame Sarah Bernhardt*
>> *très affectueux hommage de son*
>> *vieil ami*
>>> PIERRE LOTI.

436. LOTI (Pierre). Figures et choses qui passaient. *Paris, Calmann Lévy,* 1898, in-12, cartonn. demi-vélin blanc, dos orné et chiffre, non rogné (*Franz*).

>EDITION ORIGINALE.
>*Hommage autographe* de l'auteur à Mme Sarah Bernhardt.

437. LOTI (Pierre). Reflets sur la sombre route. *Paris, Calmann Lévy,* 1899, in-12, cartonn. demi-vélin blanc, dos orné et chiffre, non rogné (*Couvert.*).

>EDITION ORIGINALE.
>*Hommage autographe* de l'auteur à Mme Sarah Bernhardt.

438. LOTI (Pierre). Les Derniers jours de Pékin. *Paris, Calmann-Lévy, s. d.* (1902), in-12, cartonn. demi-vélin blanc, dos orné et chiffre, non rogné, couverture (*Franz*).

>Exemplaire portant au travers du faux titre ce charmant envoi autographe signé :
>> *A Madame Sarah Bernhardt,*
>> *qui ne lira pas, bien entendu, et*
>> *qui, pour comble, aura l'aplomb de*
>> *me soutenir que je ne lui aurai rien*
>> *envoyé.*
>>> *Son vieil ami qui l'aime*
>>> *tendrement quand même,*
>>>> PIERRE LOTI.

439. LOTI (Pierre). L'Inde (sans les Anglais). *Paris, Calmann-Lévy, s. d.* (1903), in-12, demi-vélin blanc, dos orné et chiffre, non rogné (*Franz*).

>EDITION ORIGINALE.
>Un des **20** exemplaires imprimés sur **papier du Japon**, il porte sur le faux titre l'envoi autographe suivant :
>> *A Madame Sarah Bernhardt*
>> *Hommage respectueux, tendre et charmé*
>> *d'un très vieil ami*
>>> PIERRE LOTI.

440. LOTI (Pierre). Vers Ispahan. *Paris, Calmann-Lévy, s. d.* (1904), in-12, cartonn. demi-vélin blanc, dos orné et chiffre, non rogné, couverture (*Franz*).

> EDITION ORIGINALE.
> *Hommage autographe* de l'auteur à Mme Sarah Bernhardt.

441. LOTI (Pierre). La Troisième jeunesse de Madame Prune. *Paris, Calmann-Lévy, s. d.* (1905), in-12, demi-vélin blanc, dos orné et chiffre, non rogné.

> EDITION ORIGINALE.
> Sur le faux titre, cet envoi autographe :
> *A Madame Sarah Bernhardt*
> *hommage de son ami*
> PIERRE LOTI.

442. LOTI (Pierre). Les Désenchantées. *Paris, Calmann-Lévy, s. d.* (1906), in-12, port., cartonn. demi-vélin blanc, dos orné et chiffre, non rogné (*Franz*).

> EDITION ORIGINALE.
> *Hommage autographe* de l'auteur à Mme Sarah Bernhardt.

443. LOTI (Pierre). La Mort de Philæ. *Paris, Calmann-Lévy, s. d.* (1908), in-12, cartonn. demi-vélin blanc, dos orné et chiffre, non rogné, couverture (*Franz*).

> EDITION ORIGINALE.
> Sur le faux titre, cet envoi autographe :
> *A Madame Sarah Bernhardt,*
> *hommage fidèlement affectueux*
> *d'un ami tombé en disgrâce.*
> PIERRE LOTI.

444. LOTI (Pierre). Le Château de la Belle-au-Bois-dormant. *Paris, Calmann-Lévy, s. d.* (1910), in-12, broché.

> EDITION ORIGINALE.
> *Hommage autographe* de Pierre Loti à Mme Sarah Bernhardt.

445. LOTI (Pierre), Un Pèlerin d'Angkor. *Paris, Calmann-Lévy, s. d.* (1912), in-12, cartonn. demi-vélin blanc, dos orné et chiffre, non rogné (*Franz*).

> Exemplaire de l'ÉDITION ORIGINALE, portant sur le faux titre *un curieux envoi autographe* de l'auteur à Mme Sarah Bernhardt.

446. LOTI (Pierre). La Hyène enragée. *Paris, Calmann-Lévy, s. d.* (1916), in-12, broché.

>Edition originale.
>Le faux titre porte cet hommage autographe :
>>*Pour Madame Sarah Bernhardt*
>>*avec les plus affectueux respects*
>>*de son vieil ami*
>>>Pierre Loti.
>>>*Aux armées de l'Est, Juin 1916.*

447. LOTI (Pierre). Prime jeunesse, suite au Roman d'un enfant. *Paris, Calmann-Lévy, s. d.* (1919), in-12, broché.

>Edition originale.
>Le faux titre porte cet envoi autographe :
>>*à Madame Sarah Bernhardt,*
>>*mon amie merveilleuse,*
>>*avec mes tendres respects,*
>>>Pierre Loti.

448. LOTI (Pierre). La Mort de notre chère France en Orient. *Paris, Calmann-Lévy,* 1920, in-12, broché.

>Edition en partie originale.
>*Hommage autographe* de l'auteur à Mme Sarah Bernhardt.

449. LOTI (Pierre) et son fils, Samuel VIAUD. Suprêmes visions d'Orient, fragments de journal intime. *Paris, Calmann-Lévy,* 1921, in-12, broché.

>Edition originale.

450. LOUŸS (Pierre). Les Chansons de Bilitis, traduites du grec pour la première fois. Par P. L. (Pierre Louÿs). *Paris, Librairie de l'Art Indépendant,* 1895, pct. in-4, cartonn. demi-vélin blanc, dos avec chiffre, ébarbé, couverture (*Franz*).

>Edition originale.
>Sur le feuillet de garde, cet envoi autographe :
>>*A Madame Sarah Bernhardt*
>>*hommage d'une admiration*
>>*profonde*
>>>Pierre Louys.

451. LOUŸS (Pierre). Les Chansons de Bilitis traduites du grec, et ornées d'un portrait de Bilitis dessiné par P.-Albert Laurens d'après le buste polychrôme du Musée du Louvre. *Paris, Mercure de France*

1898, in-8, papier vélin, demi-rel. mar. blanc, dos orné du monogramme S. B., tête dor., non rogné, couverture (*Franz*).

> Sur le feuillet de garde, cet envoi autographe :
>
> *A Madame*
> *Sarah Bernhardt*
> *hommage d'admiration*
> Pierre Louÿs.

452. LOUŸS (Pierre). Aphrodite, mœurs antiques. *Paris, Mercure de France*, 1896, in-8, mar. blanc rosé, double encadr. de rangs de fil. dor., monogramme S. B. frappé à chaque angle et entre les nerfs du dos ; à l'int., large bordure de mar. sur laquelle le chiffre répété semble former une dentelle, tête dor., non rogné, étui (*Franz*).

> Première édition de format in-8, publiée la même année que l'originale. « *Hommage de respectueuse admiration de l'auteur à Madame Sarah Bernhardt* », signé et daté de 1896.

453. MENDÈS (Catulle). La Maison de la Vieille. *Paris, Charpentier et Fasquelle*, 1894, in-12, cartonn. vélin blanc à recouvr., fil., dos orné et chiffre, tête dor., non rogné (*Franz*).

> Edition originale.
> Cet envoi autographe sur le faux titre :
>
> *à Sarah Bernhardt*
> *toutes les admirations,*
> *toutes les adorations,*
> Catulle Mendès.

454. MÉRIMÉE (Prosper). Lettres aux Lagrené. *Paris*, 1904, in-8, portraits et fac-simile, mar. bleu, rangs de fil. dor., dos orné et mosaïqué, dent. int., tête dor., non rogné (*Couvert.*).

> Edition originale, tirée en tout à 75 exemplaires non mis dans le commerce.
> Exemplaire imprimé sur **papier de Japon**, avec envoi autographe de M. E. de Lagrené à Mme Sarah Bernhardt au-dessus de la justification du tirage.

455. MEYER (Arthur). Ce que je peux dire. Avec un portrait de Mme la Comtesse de Loynes. *Paris, Plon-Nourrit et Cie*, 1912, in-12, broché.

> Edition originale.
> Sur le premier feuillet de garde cet envoi autographe :
>
> *A mon amie Sarah Bernhardt*
> *en hommage d'admiration constante*
> *et de dévouement affectueux.*
> Arthur Meyer.

456. MEYER (Arthur). Ce qu'il faut taire, pièce ornée de sept gravures, précédée d'un avant-propos et d'une préface d'Adolphe Brisson. *Paris, Plon-Nourrit et Cie*, 1914, in-12, broché.

> EDITION ORIGINALE.
> Exemplaire sur **papier de Hollande** (n° 4), imprimé pour Mme Sarah Bernhardt, *avec envoi autographe* de l'auteur.

457. MONTESQUIOU (Cte Robert de). Félicité ; étude sur la Poësie de Marceline Desbordes-Valmore, suivie d'un essai de classification de ses motifs d'inspiration. Avec un portrait de Mme Valmore d'après Devéria. *Paris, Lemerre*, 1894, pet. in-8, cartonn. à recouvr. vélin blanc, fil., dos orné et chiffre, têt. dor., non rogné, couverture (*Franz*).

> EDITION ORIGINALE.
> Sur le feuillet de garde, cet envoi autographe :
>
> *A*
> *Madame*
>   *Sarah Bernhardt*
>   *Souvenir d'une grande Femme*
>   *Hommage d'un grand Ami*
>   R. M.

458. POIZAT (Alfred). La Dame aux Lévriers. *Paris, Plon-Nourrit et Cie*, 1904, in-12, broché.

> EDITION ORIGINALE.
> *Hommage autographe* de l'auteur « A l'immortelle tragédienne Sarah Bernhardt ».

459. POUGY (Liane de). Myrrhille, précédé d'une préface de M. William Busnach. *Paris, Per Lamm, s. d.* (1899), in-12, broché.

> EDITION ORIGINALE, ornée de quatorze illustrations photographiques hors texte, représentant Liane de Pougy.
> *Amusant hommage autographe* de W. Busnach à Mme Sarah Bernhardt

460. REBOUX (Paul) et MULLER (Charles). A la manière de... P. Adam, M. Barrès, H. Bataille, T. Bernard, J.-M. de Heredia Huysmans, Fr. Jammes, etc. *Paris, Les Lettres*, 1908, gr. in-16, broché.

> EDITION ORIGINALE.
> Sur le faux titre, *hommage autographe* signé des auteurs à Mme Sarah Bernhardt.

461. REGNIER (Henri de). Contes à soi-même. *Paris, Librairie de l'Art indépendant,* 1894, in-16, cartonn. à recouvr. vélin blanc, fil., dos orné et chiffre, têt. dor., non rogné (*Franz*).

> EDITION ORIGINALE.
> Sur le feuillet de garde, envoi autographe :
>> *A Madame Sarah Bernhardt*
>> *Avec les respectueux hommages de :*
>>> HENRI DE RÉGNIER.

462. ROSTAND (Maurice). Le Cercueil de cristal, roman. *Paris, Flammarion,* 1920, in-12, broché.

> EDITION ORIGINALE.
> Exemplaire sur **papier de Hollande,** imprimé spécialement pour Mme Sarah Bernhardt.
> *Hommage autographe* de plusieurs lignes de l'auteur à Mme Sarah Bernhardt, en travers de la couverture.

463. ROSTAND (Maurice). Le Pilori, roman. *Paris, Flammarion,* 1921, in-12, broché.

> EDITION ORIGINALE.
> Hommage autographe de l'auteur :
>> *A Madame Sarah Bernhardt*
>> *qui est la gloire elle-même !*
>> *Avec ma fervente et enthousiaste*
>> *Tendresse.*

464. SAINT-POL-ROUX. Les Reposoirs de la procession. *Paris, Mercure de France,* 1893, pet. in-8, port., cartonn. demi-vélin blanc, dos orné et chiffre, non rogné (*Franz*).

> EDITION ORIGINALE de ce premier tome de la série.
> Un chapitre du volume : *Le Pèlerinage de Sainte-Anne,* p. 41, est dédié à Mme Sarah Bernhardt, l'auteur en a renouvelé l'hommage par une carte de quelques lignes autographes placée en tête de ce chapitre ; le volume porte un premier envoi autographe sur le feuillet de garde.

465. SILVESTRE (Armand). Pour les amants. *Paris, Flammarion, s. d.* (1892), in-32, mar. blanc, fil., fleurs aux angles, dos orné portant au bas les lettres S. B., dent. int., têt. dor., ébarbé (*étui*).

> EDITION ORIGINALE.
> Le faux titre porte cet hommage autographe :
>> *A Izeyl*
>> *Son admirateur et son ami*
>>> ARMAND SILVESTRE.

466. SUARÈS (André). Ceux de Verdun. *Paris, Emile-Paul frères,* 1916, pet. in-4, papier vergé d'Arches, broché.

EDITION ORIGINALE.

467. ZOLA (Emile). Nana. *Paris, Charpentier,* 1880, in-12, mar. blanc, fil., dos orné et portant au bas le monogramme S. B. : à l'int., encadr. de dent., doublé et gardes de moire rouge, double gardes, tr. dor. sur témoins (*Franz*).

EDITION ORIGINALE.
Cet envoi autographe sur le faux titre :

à Sarah Bernhardt
son bien dévoué
EMILE ZOLA.

L'exemplaire a reçu **une illustration** originale composée de **41 figures à** l'aquarelle, au lavis d'encre de Chine rehaussé de gouache, au crayon et à la plume, signées de **Névil** ; ces illustrations ont été montées hors texte sur papier fort, et teinté comme celui du volume.

468. ZOLA (Emile). Nana. *Paris, Fasquelle,* 1901, in-12, mar. beige clair, fil., dos orné, dent. int., doublé et gardes de moire rouge cerise, tr. dor. (*Gruel*).

Reliure élégamment chiffrée sur le premier plat des initiales de Mme Sarah Bernhardt.

469. ZOLA (Emile). Les Quatre évangiles. Fécondité. *Paris, Fasquelle,* 1899, 2 vol. in-8, demi-rel. mar. blanc, monogramme S. B. frappé au dos de chaque vol., plats de papier maroquiné blanc, têt. dor., non rognés, couvertures (*Franz*).

EDITION ORIGINALE.
Exemplaire sur papier **de Hollande,** imprimé spécialement pour Mme Sarah Bernhardt.

470. ZOLA (Emile). Fécondité. *Paris, Fasquelle,* 1899, in-12, demi-mar. rouge, dos avec chiffre, têt. dor., non rogné, couverture (*Franz*).

EDITION ORIGINALE.
Sur le faux titre, cet envoi autographe :

à Sarah Bernhardt
Hommage affectueux
EMILE ZOLA.

471. ZOLA (Emile). Les Quatre évangiles. Travail. *Paris, Fasquelle,* 1901, 2 vol. in-8, brochés.

> Edition originale.
>
> Exemplaire sur **papier du Japon** imprimé pour Mme Sarah Bernhardt (le tirage numéroté sur Japon a été de 3o ex.).

472. ZOLA (Emile). Travail. *Paris, Fasquelle.* 1901, in-12, broché.

> Exemplaire de l'édition originale auquel on a ajouté une page portant *quelques lignes autographes* d'Emile Zola, suivies de cette émouvante attestation de Mme Zola :
>
> « Je certifie que l'écriture ci-dessus est bien celle de mon cher mari. Page abandonnée pendant la création de « Travail ».
>
> « Paris, ce 22 avril 1915.
>
> « Alexandrine Emile Zola. »

b. — Auteurs étrangers.

473. ANNUNZIO (Gabriele d'). Le Vergini delle Rocce. *Milano, Fratelli Trèves,* 1896, in-12, mar. blanc, mosaïque de fleurs stylisées couvrant le premier plat dans le cadre d'une large bordure de mar. gris souligné d'un fil. de mar. brun noué aux angles le tout serti à froid, dos mosaïqué, doublé et gardes de moire crème, doubles gardes, tr. dor. sur témoins, couverture, étui (*Ch. Meunier*).

> Edition originale (*Les Vierges aux Rochers* ont été traduites en français l'année suivante).
>
> Exemplaire imprimé sur **papier de Hollande**, offert à Mme Sarah Bernhardt par Gabriel d'Annunzio, avec un envoi en langue grecque sur le faux titre.
>
> Ces lignes, empruntées à Théocrite, sont relatives à Ganymède aux lèvres duquel est souhaitée la vertu de la pierre de Lydie (pierre de touche) sur laquelle le changeur soupçonneux éprouve l'or.
>
> Jolie reliure.

474. ANNUNZIO (Gabriele d'). Forse che si forse che no, roman traduit de l'italien par Donatella Cross. *Paris, Calmann-Lévy, s. d.* (1910), in-12, cartonn. vélin blanc, fil., dos orné et chiffre, têt. dor., non rogné, couverture (*Franz*).

> Edition originale de cette traduction.
>
> Exemplaire imprimé spécialement sur **papier du Japon**, offert par l'auteur à Mme Sarah Bernhardt :
>
> « *en admiration de son*
> *invincible génie* »
> Gabriele d'Annunzio.
>
> (Le tirage numéroté sur Japon a été de 5 exempl.)

475. GODFREY (Hal) [C. O'Conor-Eccles]. The Rejuvenation of miss Semaphore, a farcical novel. *Leipzig, B. Tauchnitz,* 1899, in-16, mar. rouge jans., dent. int., tr. dor.

476. SIENKIEWICZ (Henryk). Messire Wolodowski, roman héroïque. Traduction du comte Wodzinski et de B. Kozakiewicz. *Paris, La Revue Blanche,* 1902, in-12, broché.

> EDITION ORIGINALE de cette traduction.
> Exemplaire imprimé sur **papier alfa,** offert à Mme Sarah Bernhardt par *un hommage autographe* de Kozakiewicz.

477. SUDERMANN (Hermann). La Femme en gris (Frau sorge), traduit de l'allemand. Préface d'Edouard Rod. *Paris, Perrin et Cie,* 1895, in-12, cartonn. demi-toile grise, tr. jasp.

> EDITION ORIGINALE ; la préface fait mention de Mme Sarah Bernhardt se préparant à jouer dans *Heimat,* pièce de Sudermann, le rôle de *Magda.*
> Sur le faux titre, cet envoi autographe de l'auteur :
>
> *A Madame Sarah Bernhardt*
> *Recevez, chère et grande artiste,*
> *ce souvenir de jours tristes*
> *en souvenir d'un jour de*
> *joie.*
>   HERMANN SUDERMANN.
>   *Paris, le 14 Fevr.* 1895.

478. TOUSSAINT (Franz). Le Jardin des Caresses. Traduit de l'arabe. *Paris, Piazza, s. d.,* in-12, broché.

> Ces lignes autographes sur le faux titre :
>
> *A Madame Sarah Bernhardt*
> *Ces roses du Hedjaz.*
>   F. TOUSSAINT.

LIVRES MODERNES ILLUSTRES

479. ALSACE. A travers l'Alsace. *Strasbourg, Héliotypies de l'Imprimerie Alsacienne, s. d.*, album in 4 oblong, cartonn. dos et coins toile rouge imitant le maroquin, plats de toile blanche, titre en lettres dor., tr. dor. (*Rel. de l'éditeur*).

> 40 planches montées sur onglets, protégées par un papier Japon mince portant le titre et l'explication.

480. AUMÔNE de la Vie moderne aux inondés de Murcie. *S. l. n. d.*, pet. in-4, broché, couverture en papier cuir, doré et gaufré.

> Poésies de Victor Hugo, Th. de Banville, J.-M. de Heredia, F. Coppée, A. Silvestre, illustrées en marges de dessins de *Giacomelli, H. Scott, A. Marie, Clairin, Courboin, Fortuny, Rico* et *Madrazo.*
> Texte et dessins sont reproduits en fac-similés par A. Gillot.
> Exemplaire imprimé sur **satin blanc.**

481. BALZAC (H. de). OEuvres complètes illustrées. *Paris, Ollendorff,* 1900-1902, 50 vol. in-8, demi-rel. vélin blanc, dos ornés, têt. dor., non rognés, couvertures (*Franz*).

> Illustrations de *Cortazzo, Robaudi, Pierre Vidal, Bussière, A. Moreau, G. Cain, L.-E. Fournier, E. Toudouze, Wagrez, J. Roy,* etc.
> Bel exemplaire dont chaque volume porte au dos le chiffre de Mme Sarah Bernhardt.

482. BAZIN (René). Une Tache d'encre. Compositions d'André Brouillet. *Tours, Mame,* 1900, in-4, 24 pl. en photogravure, broché, dans un carton dos de toile verte, plats d'étoffe décorée de fleurs, attaches.

> Exemplaire imprimé sur **papier du Japon,** offert par l'éditeur à Mme Sarah Bernhardt, et renfermant les figures en **double état.**

483. BEAUMONT (L. de). Sempervirens. Vingt-neuf compositions par F. Lunel. *Paris, H. Floury,* 1896, in-4, broché.

> Illustrations à chaque page ; ce conte fait partie de la collection Angelo Mariani.
> Exemplaire sur **papier du Japon**, spécialement imprimé pour Mme Sarah Bernhardt.

484. **BÉDIER** (J.). Le Roman de Tristan et Iseut reconstitué d'après les Poëmes français du xiie siècle et illustré par Robert Engels. *Paris, H. Piazza et Cie,* 1900, in-4, vélin blanc, entredeux estampé à froid et fil. dor., cuir modelé encastré en largeur dans le haut du premier plat représentant les profils de Tristan et Iseut sur un horizon de ciel et de mer ; ce cuir, exécuté dans les tons fauve et brun, reproduit la frise qui orne la couverture et le faux titre ; à l'int., encadr. de fleurettes roses à feuillage vert et rinceaux dor., doublé et gardes de soie verte semée de fers de lance, doubles gardes. têt. dor., non rogné, couverture (*Franz*).

> Illustrations en couleurs et encadrements polychromes.
> Edition tirée à 300 exemplaires ; celui-ci (n° 212) est imprimé sur papier vélin des Vosges.

485. CAS DU VIDAME (Le), par l'Académicien d'Estampes (Beaumont?). Illustré par A. Robida. *Paris, Librairie illustrée, s. d.* (1889), pet. in-4, cartonn. dos de vélin blanc, monogramme S. B., ébarbé (*Franz*).

486. CLADEL (Léon). Ompdrailles le Tombeau-des-Lutteurs, avec 16 eaux-fortes hors texte et 7 dans le texte. *Paris, Cinqualbre,* 1879, gr. in-8, dos et coins mar. orange, fil., initiales S. B. frappées dans un angle, dos orné, têt. dor., non rogné, couverture (*Pierson*).

> Edition originale.
> *Curieux envoi autographe* de plusieurs lignes de l'auteur à Mme Sarah Bernhardt.
> Quelques rousseurs.

487. COUSIN (Charles). Racontars illustrés d'un vieux collectionneur, par l'auteur du « Voyage dans un grenier ». *Paris, A la librairie de l'Art,* 1887, in-4, dos et coins mar. olive foncé, tête dor., non rogné.

> Illustrations en noir et en couleurs d'après les dessins de *Félix Régamey*.
> Edition imprimée sur papier du Japon. — Cet exemplaire avait été offert à M. Grand-Carteret, avec un envoi autographe de l'auteur « au gamin de Paris », signé Le Toqué, Cousin, au « Grenier », 1887.

488. **DANSE MACABRE** (La Grande). Chorea ab eximio macabro versibus alemanicis edita. Fac-simile de l'édition latine de 1490 exécuté par Adam Pilinski. *Paris, Tross,* 1868, in-4, fig., mar. La Vall., comp. de fil. à la Du Seuil, dos orné, dent. int., tr. dor. (*Hardy-Mennil*).

> Un des 4 exemplaires imprimés sur **peau de vélin**.
> Aux armes du prince d'Essling avec le chiffre de Mme Sarah Bernhardt frappé au-dessous des armoiries.

489. **DAVILLIER** (Ch). L'Espagne, illustrée de 309 gravures dessinées sur bois par Gustave Doré. *Paris, Hachette,* 1874, in-4, demi-rel. chag. rouge, plats toile, fers spéciaux, tr. dor. (*Rel. de l'éditeur*).

> Premier tirage des illustrations de *Gustave Doré*.
> Initiales de Mme Sarah Bernhardt ajoutées au dos de la reliure.

490. **DAYOT** (Armand). Napoléon raconté par l'image d'après les sculpteurs, les graveurs et les peintres. *Paris, Hachette et Cie*, 1895, in-4, mar. rouge, encadr. de fil., pointillé dor. et de chiffres et attributs napoléoniens, dos orné des mêmes attributs ; à l'int., fil. et motifs d'angles sur bord de mar., doublé et gardes de moire verte, doubles gardes, tr. dor. sur témoins, couverture, étui (*Ch. Meunier*).

> Bel ouvrage renfermant une iconographie à peu près complète de Napoléon et les reproductions de dessins et tableaux des meilleurs peintres de l'époque.
> Au crayon, sur le faux titre, *hommage autographe* de l'auteur à Mme Sarah Bernhardt.

491. **DUMAS FILS** (Alexandre). La Dame aux Camélias, préface de Jules Janin. Édition illustrée par Gavarni. *Paris, Gustave Havard,* 1858, gr. in-8, dos et coins mar. bleu vert, fil., initiales S. B. dans un angle, dos orné de compart. de fil. et fers dor., têt. dor., non rogné (*Pagnant*).

> 19 planches hors texte (sur 20 ; sans la pl. 10).
> Première édition illustrée et premier tirage.

492. **DUMAS FILS** (Alexandre). La Dame aux Camélias. Préface de Jules Janin et nouvelle préface inédite de l'auteur. Illustrations de A. Lynch. *Paris, Quantin, s. d.* (1886), in-4, mar. gris bleuté, compart. de filets droits et au pointillé, filets courbes et feuillages laurés, camélias mosaïqués aux angles et entre les nerfs du dos, initiales

S. B. frappées au bas, dent. int., doubles gardes, tr. dor., non rogné, couverture (*Pierson*).

Frontispice gravé à l'eau-forte en couleurs par *Gaujean* et 10 eaux-fortes hors texte gravées par *Champollion* et *Massé*.

493. DUQUESNEL (Félix). Contes des dix mille et deux nuits. Illustrations de Jean Veber. *Paris, Flammarion, s. d.* (1904), petit in-4, broché.

EDITION ORIGINALE.
Le faux titre porte cet envoi autographe :

> A *Sarah-Bernhardt*,
> *un tout petit livre*
> *en témoignage d'une*
> *très grande amitié*
> F. DUQUESNEL.

Exemplaire débroché.

494. ENAULT (Louis). Dans les bois. Imité de l'allemand. Dessins par Weber, gravés par Sargent. *Paris, Rothschild*, 1870, in-8, dos et coins cuir de Russie vieux rouge, fil., dos orné, têt. dor., non rogné (*Rel. de l'époque*).

EDITION ORIGINALE de cette adaptation d'un ouvrage de M. de Pudlitz, ornée de 14 jolies vignettes sur bois dont quatre hors texte.
Chiffre de Mme Sarah Bernhardt ajouté au bas du dos de la reliure.

495. ERASME. Éloge de la Folie d'Erasme, traduit par Victor Develay et accompagné des dessins de Hans Holbein. Troisième édition. *Paris, Librairie des Bibliophiles*, 1876, in-8, mar. bleu, compart. de fil., fleurons aux angles, dos orné et chiffré, doublé de mar. grenat, double encadr. de fil. et petits fers dor., gardes de moire grenat, tr. dor., étui (*R. Petit*).

Un des 25 exemplaires imprimés sur **papier Whatman**.

496. FLAMMARION (Camille). Uranie. Illustrations de Bieler, Gambard et Myrbach. *Paris, Marpon et Flammarion*, 1889, in-8, dos et coins de basane grenat maroquinée, plats de toile bleue, fers spéciaux, têt. dor., non rogné, couverture (*Rel. des éditeurs*).

PREMIER TIRAGE.
Sur le faux titre :

> A *la Muse de la Comédie humaine*,
> *Un admirateur lointain*
> *des Étoiles de première grandeur.*
> FLAMMARION.

497. FLEISCHMANN (Hector). Les Pamphlets libertins contre Marie-Antoinette d'après des documents nouveaux et les pamphlets tirés de l'Enfer de la Bibliothèque Nationale. *Paris, Les Publications modernes, s. d.* — Joséphine infidèle. *Ibid., Méricant, s. d.* (1909). Ens. 2 vol. in-12, brochés.

> Editions originales.
> Exemplaires offerts à Mme Sarah Bernhardt avec *l'hommage autographe* de l'auteur sur chaque volume, et de plus, sur le premier volume ses « excuses pour ce livre attentatoire et blasphématoire ».

498. FLEISCHMANN (Hector). Robespierre et les femmes. *Paris, Albin Michel*, 1909. — Charlotte Robespierre et ses Mémoires, *Ibid., id., s. d.* Ens. 2 vol. in-8, brochés.

> Editions originales ; nombreuses illustrations.
> Chaque volume porte *un envoi autographe* de l'auteur à Mme Sarah Bernhardt ; le premier sollicitant son indulgence « pour cette apologie d'un homme de la Terreur, sensible et sentimental ».

499. FLEISCHMANN (Hector). La Guillotine en 1793. *Paris, Les Publications modernes*, 1908. — Les Filles publiques sous la Terreur. *Méricant, s. d.* (1908). — Les Coulisses du Tribunal révolutionnaire. *Soc. d'Éditions parisiennes*, 1909. — Les Femmes et la Terreur. *Fasquelle*, 1910. — Ens. 4 vol. in-12 et pet. in-8, brochés.

> Editions originales ; nombreuses illustrations.
> Les couvertures de 2 volumes sont illustrées en couleurs par *Rochegrosse*. Chaque volume porte *un hommage* de l'auteur à Mme Sarah Bernhardt, accompagné de quelques lignes relatives au caractère de l'ouvrage.

500. FLEISCHMANN (Hector). Napoléon adultère. *Paris, Méricant, s. d.* — Dessous de princesses et maréchales d'Empire. *Librairie des Annales, s. d.* — Victor Hugo, Waterloo. Napoléon. *Méricant, s. d.* — Paroles sur un champ de bataille : cinq discours à Waterloo. *Paris*, 1903. — Napoléon III et les femmes. *Bibliothèque des Curieux*, 1913. — Ens. 5 vol. in-12 et in-8, brochés.

> Editions originales contenant de nombreuses illustrations.
> Chaque volume porte *un long hommage autographe* de l'auteur à Mme Sarah Bernhardt.

501. FRANCE (Anatole). Thaïs. Compositions de Paul-Albert Laurens, gravures à l'eau-forte de Léon Boisson. *Paris, Librairie de la Collec-*

tion des Dix, 1900, in-8, cartonn. vélin blanc, fil., dos orné et chiffre, têt. dor., non rogné, couverture (*Franz*).

Un des 175 exemplaires imprimés sur papier vélin d'Arches, contenan un seul état de toutes les illustrations.

502. GAUTIER (Judith). Poèmes de la Libellule, traduits du japonais d'après la version littérale de M. Saionzi. Illustrés par Yamamoto. *Paris, Impr. Gillot, s. d.* (1885), in-4, illustrations en couleur à chaque page, demi-rel. mar. rouge, monogramme S. B. sur le dos, tête dor., non rogné, couverture (*Franz*).

Edition originale, imprimée sur papier du Japon et non mise dans le commerce.

503. GEVIN-CASSAL (Mme O.). Légendes d'Alsace. Illustrations de A. Robida. *Paris, Boivin et Cie,* 1917, gr. in-8, broché.

Edition originale, et premier tirage des illustrations de *A. Robida.*

504. GUILLEMOT (Maurice). Entr'actes de Pierres. Eaux-fortes d'Eugène Béjot. *Paris, Floury,* 1899, pet. in-4, eaux-fortes rapportées dans le texte, broché.

Edition tirée à 325 exemplaires ; celui-ci, n° 216, imprimé sur papier vergé d'Arches, a été offert à Mme Sarah Bernhardt avec *un hommage autographe* (au crayon) de l'auteur.

505. HISTOIRE DES SOVIETS, publiée sous la direction de M. Henri de Weindel. Préface de M. Gabriel Hanotaux. Avec le concours de MM. A. Aulard, de Chevilly, L. Faraut, R. Labry, etc. Exposé chronologique, 1917-1922. *Paris, Makowsky,* 1922, 4 fasc. in-4, dans un carton toile rouge, décor noir et argent.

Dessins d'après nature, reconstitutions, en-têtes, culs-de-lampe, lettrines, ornements de MM. *Carrey, S. Sarmat, Boris Zvorykine,* etc., tirés en couleurs, et nombreuses illustrations photographiques.

506. HUGO (Victor). Notre-Dame de Paris. *Paris, Testard et Cie,* 1889, 2 vol. in-4, mar. blanc, double encadr., de rangs de fil. dor. gras et maigres et d'un entredeux de rinceaux repoussés sur fond dor. et semé de rosaces au cœur argenté, dos ornés du même entredeux en réduction, dentelle fleuronnée à l'int., doubl. et gardes de moire blanc crème, doubles gardes, tr. dor. sur témoins, couverture, étuis (*Ch. Meunier*).

Edition ornée de compositions gravées à l'eau-forte par *Géry-Bichard* d'après *Luc-Olivier Merson.*

En tête du premier volume a été placée en frontispice **une belle aquarelle originale** de **Luc-Olivier Merson**, traitée en camaïeu, avec rehauts de couleurs, dans les proportions des planches hors texte et représentant Quasimodo qui s'accroche aux balustrades de la cathédrale pour apercevoir, passant entre les piliers, l'ombre blanche d'Esmeralda.

Au bas de l'aquarelle, hommage autographe de Luc-Olivier Merson à Mme Sarah Bernhardt.

507. LA FONTAINE. Fables, avec les dessins de Gustave Doré. *Paris, Hachette & Cie*, 1868, gr. in-4, demi-rel. chag. rouge, plats toile, dos orné, tr. dor. (*Rel. des éditeurs*).

> Premier tirage.
> Chiffre de Mme Sarah Bernhardt au dos de la reliure.

508. LEMAITRE (Jules). Dix Contes. Illustrations de Luc-Olivier Merson, Georges Clairin, F.-H. Lucas, Cornillier, Loevy. Gravures sur bois de Léveillé, Ruffe, Dutheil. *Paris, Lecène et Oudin*, 1890, gr. in-8, mar. blanc, comp. de fil. à la Du Seuil, tête dor., non rogné (*Couvert.*).

> Premier tirage.
> Sur le faux titre :
>
> A Sarah Bernhardt,
> son ami
> Jules Lemaître
> 23 octobre 1893.

509. LORRAIN (Jean). La Princesse sous verre. *Paris, Tallandier*, s. d. (1896), in-4, en feuilles dans un carton ajouré d'une glace de mica, avec attaches en ruban.

> Edition tirée à 220 exemplaires ornés de compositions en couleurs d'*André Cahard*.
> Exemplaire imprimé sur **papier du Japon**, contenant le **tirage à part en noir** des illustrations, offert à Mme Sarah Bernhardt avec l'*hommage autographe* de l'auteur et la copie faite par lui des sept premières lignes de l'ouvrage : « Il était une délicate et belle petite princesse..... »
> (Toute cette partie manuscrite est visible sous la feuille de mica ménagée dans le premier plat du cartonnage.)

510. LORRAIN (Jean). La Princesse des chemins. La Princesse aux lys rouges. Les Trois duchesses. *Paris, Ludovic Baschet*, 1897, in-4, en feuilles, dans un carton demi-toile.

> Tirage à 25 exemplaires.
> Exemplaire n° 1 avec dédicace de l'auteur à Mme Sarah Bernhardt Il contient le **tirage à part** des illustrations.

5i1. LORRAIN (Jean). Ma petite ville. — Le Miracle de Bretagne. — Un Veuvage d'Amour. — Illustrations à l'aquarelle de Manuel Orazi, gravées à l'eau-forte par Frédéric Massé et imprimées en couleurs ; vignettes décoratives de Léon Rudincki. *Paris, Société française d'éditions d'art, L. Henry May*, 1898, pet. in-4, broché.

> Exemplaire imprimé sur papier vélin de Rives.
> Sur le faux titre l'envoi autographe suivant :
>
> *A Madame*
> *Sarah Bernhart* (sic)
> *toute l'enfance*
> *de son ami*
> *mes deu* (sic) *mains das* (sic) *les sienes* (sic)
> JEAN LORRAIN.

5i2. LOTI (Pierre). Le Mariage de Loti. Illustrations de l'auteur et de A. Robaudi. *Paris, Calmann Lévy*, 1898, gr. in-8, cartonn. vélin blanc, fil., dos orné et chiffre, tête dor., non rogné, couverture (*Franz*).

> PREMIÈRE ÉDITION illustrée : les illustrations dues à Pierre Loti sont au nombre de trente-trois.
> Cette édition renferme en tête la dédicace de l'édition originale, à Mlle Sarah Bernhardt.
> Le faux titre illustré porte ces lignes autographes :
>
> *A Madame Sarah Bernhardt,*
> *hommage toujours très affectueux d'un ami*
> *en disgrâce*
> PIERRE LOTI.

5i3. MAIZEROY (René). La Mer. Préludes de MM. Paul Arène, P. Bonnetain, Paul Bourget, Gustave Geffroy, Catulle Mendès, Armand Silvestre. Illustrations par Louise Abbema et Georges Clairin. *Paris, Georges Petit*, 1895, gr. in-4, broché, sous un carton demi-toile beige, portant le titre sur le premier plat.

> Edition ornée d'illustrations dans le texte par *Louise Abbema* et *Georges Clairin* ; elle renferme de plus 3o planches hors texte, dont 24 eaux-fortes et 6 héliogravures, gravées par *Bracquemond, Toussaint, Milius, Courtry, Mordant, Champollion, Boilvin*, d'après *Corot, Courbet, Daubigny, Millet, Stevens, Ziem*, etc.
> Un des **100** exemplaires imprimés sur **papier du Japon** renfermant les eaux-fortes tirées avec remarques sur Japon.
> Le faux titre porte *un hommage autographe* signé de Mme Louise Abbema et de René Maizeroy à Mme Sarah Bernhardt.

514. **MASSON** (Frédéric). Joséphine, impératrice et reine. *Paris, Goupil et Cie*, 1899, in-4, broché.

> Nombreuses illustrations d'après les documents de l'époque.

515. **MENDÈS** (Catulle). Hesperus. Illustrations en couleurs de Carloz Schwabe. *Paris, Soc. de Propagation des Livres d'Art*, 1904, pet. in-4, broché.

> Sur le faux titre, hommage autographe de l'auteur :
>
> à Madame
> Sarah Bernhardt
> en témoignage d'une infinie
> admiration.

516. **MENPES** (Mortimer). War Impressions being a record in colour, transcribed by Dorothy Menpes. *London, A.-Ch. Black*, 1901, gr. in-8° dos et coins mar. vieux bleu, fil., dos orné, tête dor., non rogné (*Rel. anglaise*).

> Edition de luxe tirée à 350 exemplaires ornés de très nombreuses illustrations en couleurs hors texte.

517. **MEREDITH** (Owen). The Earl's Return. With drawings by W. L. Taylor. *London, F. Warne & Co., s. d.* (1890), in-4, fig. et pl. en héliog., cartonn. toile grise illustré des éditeurs, tr. dor.

> *Hommage autographe* de l'auteur à Mme Sarah Bernhardt.

518. **METZ** (Jean de). Au Pays de Jeanne d'Arc. Ouvrage illustré de 138 phototypies et d'une planche en couleur. *Grenoble, Rey*, 1910, in-4, demi-rel. mar. blanc, dos orné des armes de Jeanne d'Arc sur fond de mar. noir, monogramme S. B., tête dor., ébarbé, couverture (*Franz*).

> En tête du volume la dédicace imprimée suivante :
>
> A Sarah Bernhardt
> qui incarna Jeanne la Française
> avec une grâce si touchante
> et une si noble simplicité.
> Ce livre, exécuté par des Dauphinois,
> est offert
> par un Dauphinois ami
> EDOUARD CLUNET.
> Président honoraire du « Gratin ».
>
> Décembre 1909.

519. MEYER (Arthur). Mes Livres, mes dessins, mes autographes. *Paris, rue Drouot,* 1921, in-4, broché.

> Beau volume tiré en tout à 150 exemplaires non mis dans le commerce, ornés de reproductions de dessins et de reliures et de fac-similés d'autographes.
> Exemplaire offert à Mme Sarah Bernhardt avec un *hommage autographe* de l'auteur.

520. MISTRAL (Frédéric). Les Secrets des Bestes. Avec trente compositions de A. Robida. *Paris, Floury,* 1896, in-4, demi-rel. mar. rouge, monogramme S. B. sur le dos, tête dor., ébarbé, couverture (*Franz*).

> Exemplaire imprimé sur papier du Japon pour Mme Sarah Bernhardt.

521. MONTESQUIOU (Cte Robert de). La Divine Comtesse, étude d'après Madame de Castiglione. Préface par Gabriele d'Annunzio. *Paris, Manzi, Joyant et Cie,* 1913, in-4, mar. vieux bleu, encadr. de filets à froid et dor. et de rinceaux et fers azurés, chiffre couronné au centre, dos orné, rangs de fil. dor. à l'int., doublé et gardes de moire prune, têt. dor., non rogné, double couverture, étui (*Durvand*).

> Un des **25** exemplaires imprimés sur **papier du Japon**, ornés de six planches en couleurs et d'autres en camaïeu ; celui-ci a été relié pour être offert.
> Les pages de garde sont couvertes d'une dédicace autographe de trois strophes de Robert de Montesquiou faisant hommage de l'exemplaire et de son œuvre à Mme Sarah Bernhardt au nom d'
>> *Une dont j'ai parlé dans ce livre et que j'aime :*
> au nom de Gabriele d'Annunzio
>> *Qui l'orne de son verbe et le porte au Destin*
> et en son propre nom
>> *Vous qui l'embellissez de l'accepter, Amie,*
>> *Recevez-la, debout, de ces trois donateurs ;*
>> *Celle qu'on croyait morte et qui n'est qu'endormie,*
>> *Se lève de la page et vous jette des fleurs.*

522. MOUTON (Eugène). Histoire de l'Invalide à la Tête de bois. Illustration de G. Clairin. *Paris, Baschet, s. d.* (1887), in-4, dos et coins mar. vert, fil., initiales S. B. dans un angle, dos orné et mosaïqué, têt. dor., non rogné, couverture (*Pierson*).

> Illustrations en couleurs et en camaïeu.
> *Hommages autographes* de l'auteur et de l'illustrateur à Mme Sarah Bernhardt.

523. NICHOLSON (William). Types de Londres, par William Nicholson. Texte par Octave Uzanne. *Paris, Floury*, 1898, pet. in-4, broché.

13 planches gravées sur bois en couleurs.

524. OLD ENGLISH SONGS and Dances, decorated by W. Graham
Robertson. *London, New-York and Bombay, Longmans, Green and C°*,
1902, in-4, cartonn. des éditeurs, demi-toile grise, plats illustrés.

Illustrations en couleurs gravées sur bois.
Sur le faux titre :

   à Sarah Bernhardt
    de son ami
     bien dévoué
       GRAHAM ROBERTSON.
 1903.

525. PEINTURES JAPONAISES. Scènes de la vie des Rakkans. —
Suite de 10 peintures sur soie, exécutées au Japon au XVIIIe siècle,
dans un album formant paravent, recouvert de soie brochée.

Sur la première peinture la *signature autographe* de Mme Sarah Bernhardt.

526. PERRET (Paul). Les Demoiselles de Liré. Illustré en collabora-
tion par Charles Delort et Maurice Leloir. *Paris, Boussod, Valadon
et Cie*, 1893, in-4, demi-rel. mar. blanc rosé, fil., dos orné et chiffre,
têt. dor., non rogné, couverture (*Franz*).

Hommage autographe « d'admiration et de vieille amitié » de l'auteur à
Mme Sarah Bernhardt.

527. QUEEN ALEXANDRA'S CHRISTMAS gift book. Photographs
from my camera. *Published by « The daily Telegraph »*, London, 1908,
gr. in-4, cartonn. toile blanche, titre en lettres vertes sur le premier
plat, non rogné (*Cartonn. des éditeurs*).

Cet album, destiné à être vendu au profit d'œuvres charitables, renferme
un grand portrait de la reine Alexandra et 136 reproductions de photographies représentant les familles royales d'Angleterre, de Danemark, de
Grèce, de Russie (le tsar Nicolas II, la tsarine et leurs quatre enfants), etc.
Cet envoi autographe sur le faux titre :

   To Madame Sarah Bernhardt
    from Lily
    november 1908.

528. RENOUARD (Paul). L'Affaire Dreyfus. — Suite de 76 reproduc-

tions des dessins originaux de l'artiste remontées sur 5o feuilles in-fol. dans un étui toile bleue.

Suite tirée à 15o exemplaires.
Exemplaire n° 94 offert à Mme Sarah Bernhardt.

529. ROBERTSON (W. Graham). A Masque of May morning. With twelve designs in colour by the author. *London & New York, John Lane*, 1904, pet. in-4, toile verte, fers spéciaux, non rogné (*Cartonn. de l'éditeur*).

Sur un feuillet de garde :

A ma jeune amie
Sarah Bernhardt
souvenir de son
vieu (sic) grand père
GRAHAM ROBERTSON.
1904.

53o. ROHAN (Mme la duchesse douairière de). Le Chant du Cygne, poésies, 1914-1920. *Paris, Calmann-Lévy, s. d.* (1922), in-4, broché.

Ouvrage publié à la mémoire de Josselin, capitaine duc de Rohan, mort au champ d'honneur le 13 juillet 1916. Il est orné de 11 reproductions d'aquarelles de l'auteur.
Sur le faux titre est collé l'envoi suivant :

A ma grande amie
Madame Sarah Bernardt (sic)
en témoignage de profonde
admiration et de joie de
sa guérison.
DUCHESSE DE ROHAN,
douairière.
Hyères, 29 janvier 1923.

531. ROY (Camille). Chansons pour tout le monde. Chansons et poésies de Camille Roy illustrées par ses amis. *Lyon, Storck, s. d.* (1897), in-4, en feuilles, dans le carton de l'éditeur, dos et coins toile rouge, premier plat illustré, attaches en ruban.

EDITION ORIGINALE, ornée de 223 planches en héliogravure hors texte, d'après les compositions de *Eug. Froment, L. Boulanger, Giacomelli, P. Flandrin, G. Cain, E. Flament, H. Fantin-Latour, Rochegrosse*, etc.
Hommage autographe de l'auteur à Mme Sarah Bernhardt.

532. SCHWOB (Marcel). La Porte des Rêves. Illustrations de Georges

de Feure. *Paris, Pour les Bibliophiles indépendants, Floury*, 1899, in-4, broché.

> Edition publiée sous la direction artistique de M. Octave Uzanne et tirée à 220 exemplaires sur papier du Japon.
>
> Un des 20 exemplaires (non numéroté) réservés pour l'auteur et par lui offert avec cet envoi autographe sur la page de garde :
>
> à Sarah Bernhardt
> qui le 20 mai 1899 a fait surgir
> Hamlet de la Porte des Rêves.
> Son admirateur
> MARCEL SCHWOB.
>
> (*Hamlet*, traduit par Marcel Schwob et Eug. Morand, monté au théâtre de Mme Sarah Bernhardt et joué par elle.)

533. SILVESTRE (Armand). La Plante enchantée, illustrée par A. Robida. *Paris, Librairie illustrée*, 1895, in-4, cartonn. dos de vélin blanc, monogramme S. B., tête rouge, ébarbé, couverture (*Franz*).

> Exemplaire imprimé sur papier du Japon tiré spécialement pour Mme Sarah Bernhardt.

534. SKELTON (Sir John). Charles I. *Paris, Goupil et Cie*, 1898, in-4, broché, dans un emboîtage toile vieux rouge, titre en lettres dor.

> Frontispice tiré en couleurs et or et 23 planches en héliogravure hors texte ; illustrations dans le texte.
> Edition tirée à 500 exemplaires sur papier du Japon renfermant une suite en camaïeu des planches hors texte, tirées sur Japon.

535. SMITH (A. Croxton). The Power of the Dog. Twenty plates in colour by Maud Earl. *London ; New-York, Hodder and Stoughton*, s. d., pet. in-4, dos et coins de vélin blanc, fil., plats toile grise (*Rel. de l'éditeur*).

> 20 planches en chromolithographie, reproductions d'aquarelles de Maud Earl.

536. SOUVENIR OF THE CHARING CROSS HOSPITAL BAZAAR held at the royal Albert Hall, june 21 & 22 1899, compiled and edited by Herbert Beerbohm Tree. *The Nassau press (Londres)*, 1899, in-4, cartonn. demi-toile verte, plats illustrés (*Cartonn. de l'éditeur*).

> Nombreuses illustrations en phototypie : portraits, dessins, musique et fac-similés d'autographes.

537. SPETZ (Georges). L'Alsace gourmande, poëme gastronomique suivi de cent quarante recettes alsaciennes, avec vingt encadréments et quarante vignettes par Mlle Jeanne Riss. *Strasbourg, Revue Alsacienne*, 1914, in-8, broché.

> *Hommage autographe* de l'auteur à Mme Sarah Bernhardt.

538. STAR (Maria) [Mme Louis Stern]. Terre des Symboles. Illustrations par R. Mainella. *Paris, Gazette des Beaux-Arts,* 1903, pet. in-fol., fig. et pl. en couleurs, broché.

> Sur le faux titre :
>
> A Madame Sarah Bernhardt
> qui éclaire le Monde de son noble
> Cœur et de sa grande Ame d'Artiste.
> Hommage de reconnaissante admiration
> MARIA STAR.

539. TISSOT (J. James). La Vie de Notre-Seigneur-Jésus-Christ. Trois cent soixante-cinq compositions d'après les Quatre Evangiles, avec des notes et des dessins explicatifs par J. James Tissot. *Paris, Alfred Mame et fils,* 1896-1897, 2 vol. in-fol., peau de truie teintée chamois, couronne d'épines, épis de blé, grappes de raisin et monogramme du Christ pyrogravés et dorés, dent. int. à froid, doubl. et gardes de moire rouge, non rognés, couvertures (*E. Belville, 1898*).

> Exemplaire imprimé sur papier vélin du Marais, contenant une double suite des héliogravures hors texte : en noir et en couleurs. Il a été tiré au nom de Mme Sarah Bernardt.

540. VAN DE KERCKHOVE (G^me). Georges Clemenceau. Vingt-huit croquis dans le texte de A. Massonet, dessinateur du *Claque à fond,* journal belge de tranchées. *Paris-Bruxelles, Editions « Polmoss »,* 1919, gr. in-8, broché.

> EDITION ORIGINALE de cette biographie due à M. Van de Kerckhove, le conférencier belge qui dès avant la guerre avait consacré à Georges Clemenceau une série de conférences. Les croquis représentent tous Clemenceau ; quelques-uns sont dessinés d'après *Sem.*
>
> Le faux titre est couvert par un envoi autographe en forme de lettre qui ne compte pas moins de trente-cinq lignes.
>
> « Qu'il me soit permis, chère et grande Sarah Bernhardt, de vous offrir ce modeste essai..., vous êtes une force de la nature, une voix d'or multiple... La langue est l'arme autant que la « mascotte » de la victoire. Un peuple qui met le verbe à la fin de la fin de la phrase est à moitié vaincu. Voyez la Marne ! Cette langue de logique et de clarté..., Racine, Voltaire, Musset et Hugo l'ont mise sur vos lèvres de feu pour la splendeur du monde et pour le prosélytisme de la Victoire. »
> G^me Van de Kerckhove.

541. VILLARD (Th.). Les Fleurs à travers les âges et à la fin du xix^e
siècle. Reproduction d'aquarelles de Madeleine Lemaire. Notes horti-
coles et botaniques... de MM. M. Cornu et de A. Chargueraud. Préface de Jean Aicard. *Paris, A. Magnier*, 1900, in-4, mar. blanc, le
prémier plat encadré d'un riche décor floral stylisé mosaïqué à froid,
formé d'orchidées jaunes régulièrement disposées sur un large bord
de mar. gris, avec adjonction de quelques feuilles vertes et brunes,
mêmes fleurs et feuilles massées sur un médaillon rond au centre du
second plat, dos mosaïqué ; à l'int., bord. de mar. couverte d'un motif
à répétition mosaïqué et dor., doublé et gardes de soie crème brochée
de feuillages rouges, doubles gardes, tr. dor. sur témoins, couverture,
étui (*Ch. Meunier*).

> Edition de luxe, ornée de 51 planches en couleurs, hors texte, repro-
> duisant les aquarelles de *Madeleine Lemaire*.

542. VILLEROY (A.-L. de). Histoire d'un Caillou, poème. Avec dix-
neuf illustrations par A. Dollfus. *Brooklyn, chez l'Auteur*, 1895, gr.
in-8, portrait et fig., cartonn. toile rouge, fers spéciaux, tr. dor.

> *Envoi autographe* de l'auteur à Mme Sarah Bernhardt sur un feuillet de
> garde.
> On a ajouté une **poésie autographe** de l'auteur, adressée à Mme Sarah
> Bernhardt et placée sous une couverture ornée d'une composition florale
> à l'aquarelle.

543. WIENER CONGRESS (Der), Culturgeschichte die bildenden
Künste und das Kunstgewerbe Theater-Musik in der zeit von 1800 bis
1825. Mit Beiträgen von B. Bucher, J. Folnesics, E. Guglia, L. Hevesi,
etc., unter Redaction von Ed. Leisching. *Wien, Artaria & C°*, 1898,
in-4, mar. rouge, titre en lettres dor. dans un large encadr. de dent.
sur le premier plat, dos orné, dent. int., têt. dor., ébarbé (*Rel. des
éditeurs*).

> Belle publication ornée de 46 planches hors texte, la plupart tirées en
> couleurs et de nombreuses illustrations dans le texte.

ORDRE DES VACATIONS

Première vacation.

Lundi 25 Juin 1923.

Deuxième vacation.

Mardi 26 Juin 1923.

TROISIÈME VACATION.

Mercredi 27 Juin 1923.

www.ingramcontent.com/pod-product-compliance
Lightning Source LLC
LaVergne TN
LVHW012004180726
843502LV00005B/1546